O zelo de deus

FUNDAÇÃO EDITORA DA UNESP

Presidente do Conselho Curador
Mário Sérgio Vasconcelos

Diretor-Presidente
Jézio Hernani Bomfim Gutierre

Superintendente Administrativo e Financeiro
William de Souza Agostinho

Conselho Editorial Acadêmico
Danilo Rothberg
Luis Fernando Ayerbe
Marcelo Takeshi Yamashita
Maria Cristina Pereira Lima
Milton Terumitsu Sogabe
Newton La Scala Júnior
Pedro Angelo Pagni
Renata Junqueira de Souza
Sandra Aparecida Ferreira
Valéria dos Santos Guimarães

Editores-Assistentes
Anderson Nobara
Leandro Rodrigues

PETER SLOTERDIJK

O zelo de deus
Sobre a luta dos três monoteísmos

Tradução
Nélio Schneider

© Verlag der Weltreligionen im Insel Verlag Frankfurt
am Main und Leipzig, 2007. Todos os direitos reservados
e controlados pela Insel Verlag Berlim.
© 2016 Editora Unesp

Título original: *Gottes Eifer: Vom Kampf der drei Monotheismen*

Direitos de publicação reservados à:

Fundação Editora da Unesp (FEU)
Praça da Sé, 108
01001-900 – São Paulo – SP
Tel.: (0xx11) 3242-7171
Fax: (0xx11) 3242-7172
www.editoraunesp.com.br
www.livrariaunesp.com.br
atendimento.editora@unesp.br

CIP – Brasil. Catalogação na publicação
Sindicato Nacional dos Editores de Livros, RJ

P643z

Sloterdijk, Peter
    O zelo de deus: sobre a luta dos três monoteísmos / Peter Sloterdijk; tradução Nélio Schneider. – 1.ed. – São Paulo: Editora Unesp, 2016.

    Tradução de: *Gottes Eifer: Vom Kampf der drei Monotheismen*
    ISBN 978-85-393-0647-3

    1. Monoteísmo. 2. Teologia. 3. Filosofia e religião. I. Schneider, Nélio. II. Título.

16-36574
                                    CDD: 211.34
                                    CDU: 2-154

Editora afiliada:

Sumário

Dedicatória . *7*

1. As premissas . *9*

2. As formações de combate . *31*

3. As frentes de batalha . *57*

4. As campanhas . *69*

5. A *matrix* . *107*

6. Os *phármaka* . *135*

7. As parábolas do anel . *155*

8. Pós-zelo . *189*

Referências bibliográficas . *201*

Dedicatória

Este livro é dedicado a Bazon Brock, por várias razões: primeiro porque, graças às suas reflexões sobre um conceito normativo de civilização, ele constituiu um dos polos de referência das considerações aqui expostas; em segundo lugar, porque seu septuagésimo aniversário, embora transcorrido há meses, representou um convite praticamente irrecusável; e, por fim, por ter sido ele quem, por sua iniciativa pessoal, provocou o surgimento do presente trabalho. O texto a seguir remonta a uma palestra que me foi solicitada por Bazon Brock e Yael Katz Ben Shalom por ocasião da inauguração da Galeria Artneuland em Berlim no dia 28 de novembro de 2006 – uma instituição cujo programa abrange o desenvolvimento do triálogo entre as religiões monoteístas por meio das artes, bem como a promoção do diálogo secular entre israelitas, árabes e europeus. A reação ambígua provocada naquela ocasião por minha palestra oral simplificada e açodada deu-me uma boa noção das dificuldades do empreendimento. Essa experiência motivou-me a tentar expor aqui de forma mais pausada e completa minhas considerações.

Tenho ainda outra razão para dedicar este escrito a Bazon Brock. Por ocasião do referido aniversário no verão de 2006, a convite de Chris Derkon e sob o patrocínio de Hubert Burda, tive a honra de proferir, na Casa da Arte de Munique, uma *laudatio* ao artista, crítico de arte, teórico da civilização, pedagogo da provocação e filósofo performático Brock. Naquela efeméride, tentei fazer esse homem olhar-se no espelho, ao caracterizá-lo mediante suas relações de proximidade e de contraste com quatro vultos da história mais recente da arte e da cultura – Marcel Duchamp, Salvador Dalí, Joseph Beuys e Friedrich Nietzsche. Do último, retomei o conceito da honestidade intelectual, para atribuí-lo de modo bem pessoal ao aniversariante. Nesse contexto, que convidava a pensar em termos superlativos, pude permitir-me esta constatação: "Caro Bazon Brock, queira ter a complacência de me ouvir dizer que o senhor é o homem mais honesto de nosso tempo". Naquela ocasião, fiz essa declaração diante de um público que constituía ao mesmo tempo um círculo de amigos. Eu gostaria de repeti--la agora diante de um círculo de leitores que é nada mais, nada menos que um público.

1
As premissas

    Quando se estuda os escritos de autores filosóficos com alto nível de exigência no que se refere ao controle de seu próprio discurso, às vezes nos deparamos com parágrafos que nos chamam atenção não porque se originam da necessidade da reflexão em andamento, mas por cederem a um impulso associativo repentino que interrompe a execução de um argumento. Foi assim que Hegel postou, em suas *Preleções sobre a estética*, na seção em que trata da pintura holandesa no século XVII, a famosa expressão "domingos da vida" – com a qual se designa aqueles estados de exceção da existência que são desfrutados pelas pessoas descritas com muitas demonstrações de satisfação sensual. É evidente que, nessa passagem, não se ouve Hegel falar como o dialético que sabe quase tudo o que sabe de forma sistemática, e não só por ter "recolhido" as coisas de algum lugar. Ele fala aqui, ao largo de seu aparato lógico, como oriundo do protestantismo suábio que, na indecorosidade descontraída do cotidiano holandês, encontra uma reminiscência bem-vinda de suas impressões juvenis. Esses filisteus desinibidos do Norte chuvoso podem, portanto, ser tudo menos santos, mas, com toda essa alegria de viver, certamente não são más pessoas – e em ocasião oportuna isso deve ser dito em tom de confissão. Quem quiser, pode vislumbrar por trás da formulação de Hegel o dogma de que é tarefa da arte, no final das contas, não obstante todo amor pelo extraordinário, dar razão ao corriqueiro. Acaso o valor da trivialidade dominical não aumenta na mesma proporção em que ficamos fartos do culto aos estados de exceção – esse prolongamento do extraordinário com os meios mais extremos?

Outro exemplo bem mais obscuro, mas ao mesmo tempo bem mais atual, de digressão que extrapola o contexto provém de um autor sobremodo controlado e até obsessivamente cuidadoso. Cito algumas linhas da palestra proferida por Jacques Derrida no primeiro semestre do ano de 1993 em Riverside, na Califórnia, que foi ampliada e publicada, ainda no mesmo ano, em Paris em forma de livro com o título *Espectros de Marx*.[1] Em uma passagem que entrementes adquiriu triste notoriedade, Derrida se deixa arrastar, de modo um tanto inopinado e extrapolando muito o contexto mais estrito de sua reflexão, à seguinte observação: "A guerra pela 'apropriação de Jerusalém' é hoje a guerra mundial. Ela acontece em toda parte, ela é o mundo, ela é hoje a figura singular de seu estar '*out-of-joint* [fora dos eixos]'".

Só se consegue entender essa frase eruptiva trazendo duas informações para seu âmbito: por um lado, é preciso saber que nessa passagem Derrida, visando explorar uma possível importância indelével de Karl Marx para a era pós-comunista, havia se enfronhado na meditação sobre o verso *the world is out of joint*

---

1 Derrida, *Marx' Gespenster*.

[o mundo está fora dos eixos],² de Hamlet, que perpassa suas exposições sobremodo extensas como um *Leitmotiv*; por outro, que ele polemiza contra a tese do "fim da história", de Francis Fukuyama (lançada primeiro em 1989 e em 1992 elaborada em sua forma final no livro *O fim da história e o último homem*), na qual acredita identificar (certamente sem razão) uma forma de evangelismo liberal-tecnocrático e uma versão um tanto precipitada, talvez até irresponsável, da retórica norte-americana da vitória final. A partir daí, a ideia alça o voo que culmina na passagem citada.

Anteponho às exposições seguintes a declaração do autor falecido no outono de 2004 – não como lema, mas como sinal de advertência que chama a atenção para um foco de perigos semântico e político especialmente explosivo do mundo atual, a saber, para o Oriente Próximo e Médio, no qual três escatologias messiânicas engrenadas umas nas outras em função da concorrência mobilizam – se Derrida tiver razão – "direta ou indiretamente todas as energias do mundo e toda a 'ordem mundial' pela guerra implacável que travam umas contra as outras".³ Ainda não sei ao certo se quero assumir sem quaisquer nuanças a tese de uma guerra das escatologias, e não deixo de perceber que ela provê um exemplo de pensamento perigoso mais que uma abordagem filosófica estilosa, seja ela pacata ou engajada. Justamente o autor, cuja reputação está associada ao *procedere* [procedimento] da "desconstrução" cuidadosa de hipérboles metafísicas e unilateralidades fomentadoras da

---

2 Shakespeare, *Hamlet*, ato I, cena V. O teor exato do texto é "*The time is out of joint*" [Fora dos gonzos está o tempo]. (N. T.)
3 Derrida, op. cit., p.87.

violência, deu-se ao luxo de enunciar em forma de excurso um dos maiores exageros já ouvidos de um filósofo do passado mais recente.

Contudo, é evidente – e isso leva ao nosso tema – que, na passagem em questão, Derrida está falando direta e indiretamente do judaísmo, do cristianismo e do islamismo. Importa-lhe identificar o grupo das religiões monoteístas como "partidos em conflito" atrelados um ao outro no plano da história mundial. Com seu comentário, ele antecipou a tese de um *clash of monotheisms* [choque de monoteísmos] que entrementes se tornou popular, sem que se possa imputar-lhe a intenção de confrontar os três complexos de religiões em sua totalidade dogmática e social. Ele faz referência específica aos seus conteúdos missionários, que às vezes também são chamados de seus "potenciais universalistas", portanto àquilo que, em cada uma dessas estruturas, poderia ser designado como seu "material radioativo", sua massa maníaco-ativista ou messiânico-expansionista. Acima de tudo, é com essas substâncias perigosas que lidaremos a seguir.[4]

Ao colocar tal citação no início, quero deixar claro que nada do que será dito na sequência poderá ser inofensivo, em nenhum sentido, seja ele teológico, seja político, seja psicológico-religioso. As exposições a seguir podem ser comparadas com uma cirurgia de peito aberto – só se submeterá a ela quem tiver razões para prevenir o infarto de suas convicções. Assim, antes

---

[4] Derrida repete suas teses a respeito da guerra das religiões monoteístas em um diálogo com Lieven de Cauter, no dia 19 fev. 2004, sob o título *Pour une justice à venir* [Por uma justiça por vir], no qual ele traça os contornos de um messianismo formalizado ou não religioso.

de começar o jogo, parece-me recomendável combinar com os leitores um procedimento de segurança. Propõe-se que este consista em um acordo a respeito dos aspectos de religião e crença religiosa que podem e devem ser tratados com o auxílio de estranhamentos com base científica e dos quais é melhor não tratar. Proponho uma espécie de cláusula da blasfêmia e convido o leitor e a leitora a ponderar por um instante e decidir se querem continuar com a leitura. Por esse acordo, uma série de fenômenos que tradicionalmente têm sido associados à esfera da transcendência ou do sagrado seria liberada para novas descrições não religiosas (com um efeito potencialmente blasfemo, ainda que não de modo intencional). Em contraposição, outras esferas do discurso sacral do sentimento religioso não seriam tocadas por razões materiais, formais e morais.

Tematizo provisoriamente e sem propósitos sistemáticos sete aspectos do fenômeno da transcendência, sendo os primeiros quatro, como logo será mostrado, passíveis de tradução crítica para categorias seculares e funcionais, sem que, nesse processo, a faceta religiosa corra o risco de perder mais do que de qualquer maneira perde quando se passa a entender melhor as coisas. Faço uma diferença entre quatro interpretações falsas do fato "transcendência" e dois aspectos adicionais, a respeito dos quais não quero afirmar que estão inteiramente a salvo de mal-entendidos, mas que, em razão de seu caráter objetivamente misterioso, oferecem resistência a uma retratação simples em contextos naturais e sociais. A respeito do sétimo aspecto constatarei que, em razão de seus caráter de indecisão, ele transcende a diferença entre saber e crer – sendo que curiosamente, na maioria das vezes, é a fé que tira proveito dessa situação.

Comecemos com uma tese formulada recentemente por Heiner Mühlmann em um ensaio sobre culturas como unidades que aprendem, mais precisamente em forma de uma pergunta resoluta, seguida de uma resposta lapidar: "Como surge a transcendência? Ela surge mediante o desconhecimento do lento [*Langsamen*]". O autor precisa: "Lento é um movimento que dura mais que uma geração. Para observá-lo, dependemos da cooperação com pessoas que viveram antes de nós e com pessoas que viverão depois de nós".[5] Dado que, na história das culturas até agora, cooperações com gerações precedentes e subsequentes aconteceram de modo apenas esporádico ou eram estruturalmente impossíveis, não passando, em todo caso, de episódios precários, é compreensível que, em tempos mais antigos, uma grande parte do lento tenha sido relegada à transcendência, ou seja, nesse caso, à inobservabilidade. Nessa linha, era possível explicá-lo, sem que alguma objeção tivesse perspectiva de êxito, por meio de um planejamento transcendente levado a cabo por inteligências transumanas ou divinas. Contudo, no instante em que as civilizações técnica e cientificamente amadurecidas criaram procedimentos efetivos de observação do lento, a concepção do planejamento trans-

---

5 Mühlmann, Die Ökonomiemaschine. In: Brun (Org.), *5 Codes: Architektur, Paranoia und Risiko in Zeiten des Terrors*, p.227. Seria possível precisar essa tese no sentido de empregar, em lugar de "geração", a expressão "fase de aprendizado de uma vida individual de média duração" – disso resultaria, na dimensão retrospectiva, a exigência de cooperação com o saber de antepassados que não conhecíamos pessoalmente (em geral, isso quer dizer dos bisavós em diante) e prospectivamente a cooperação com os descendentes que não se presencia mais (começando com os bisnetos).

cendente perde consideravelmente a plausibilidade – quer esta se chame criação, providência, predestinação, história salvífica ou algo semelhante – e dá lugar a procedimentos imanentes de explicação do longo prazo, seja com os meios das teorias evolucionistas biológicas ou sociossistêmicas, seja mediante os modelos de ondas e as teorias da fratura frágil, graças aos quais é possível descrever oscilações e mutações na esfera da *longue durée* [longa duração]. Só assim as coisas desagradáveis e malsucedidas na evolução podem ser aquilatadas em toda a sua extensão, sem que o positivismo forçado da ideia da criação obrigue a fazer de conta que não estamos vendo. Em ambientes ortodoxos, nos quais a identificação com a concepção edificante de um planejamento transcendente ainda é muito intensa, observa-se resistências combativas a meios cognitivos que levam à secularização do lento transcendentalizado – onde isso fica mais evidente é entre os criacionistas dos Estados Unidos, que, como se sabe, são muito criativos na tentativa de imunizar sua doutrina da criação intencional repentina contra as novas ciências do devir auto-organizativo lento.[6]

O segundo passo consiste na seguinte constatação: a transcendência também surge do desconhecimento do impetuoso [*Heftige*]. Para aclarar esse assunto é preciso recorrer uma vez mais a um conceito introduzido nas ciências culturais por

---

6 Aos criacionistas se deve a ideia surpreendente de que Deus criou o mundo em torno do ano 4000 a.C. de tal maneira que ele parece ser muito mais velho do que realmente é (teorema da ilusão da idade). Os custos espirituais dessa réplica contra o desafio evolucionista são altos: ela converte Deus em *genius malignus*, que já na criação preparou tudo para um dia levar os evolucionistas a seguir as pistas erradas.

Heiner Mühlmann – penso na vinculação entre a análise do estresse e a teoria da formação determinada do ritual e do símbolo, como explicitada em seu escrito programático *A natureza das culturas*, que marcou época. Esse texto introduziu no debate – por incentivo de Bazon Brock – um paradigma radicalmente novo para a vinculação de ciência cultural e teoria da evolução.[7] A fenomenologia da forte reação do estresse no *Homo sapiens* e seu processamento cultural torna compreensível por que os estados vivenciados nesses casos com frequência parecem ter natureza transcendente para o sujeito estressado. A impetuosidade dos decursos próprios do corpo, primeiro determinados de modo estritamente biológico, embora na maioria das vezes simbolicamente conformados, pode, em alguns casos, atingir dimensões tais que o vivenciado neles é inevitavelmente atribuído a poderes externos.

O padrão para isso em nosso espaço cultural é ditado pela ira de Aquiles, decantada por Homero, que durante milênios foi conjurada pelo ambiente guerreiro da Europa antiga como a fonte numinosa de sua vocação/profissão nobre e cruel. Sem dúvida, a ira heroica se situa na mesma linha das manifestações do frenesi da batalha, atestado em numerosas culturas, que, por sua vez, é comparável aos êxtases proféticos. Da perspectiva fisiológica, percebe-se, nos episódios do furor heroico, uma identificação do combatente com as energias motrizes que o inundam. Ele se inscreve no espectro dos entusiasmos dos guerreiros *berserkers*, entre os quais figura também a conhecida síndrome de fúria assassina dos povos malaios (retomada avi-

---

7 Mühlmann, *Die Natur der Kulturen*.

damente pela cultura de massa ocidental e instrumentalizada a partir de dentro em termos de psicologia popular como exemplo de selvageria), bem como o arrebatamento extático dos guerreiros védicos e o ardor bélico dos heróis germânicos, intensificado ao ponto de desejarem a morte. Em praticamente todos esses casos, o furor assume, do ponto de vista de seu portador, quase como se fosse uma necessidade, a forma de uma obsessão inspirada de cima, na qual a energia bélica absorve inteiramente o agente e faz que a luta se revele como missão. Como uma das formas originárias da vivência endógena da revelação, o furor como que provê a religião natural dos estimulados. Enquanto predominar o desconhecimento transcendente do impetuoso, é impossível reconhecer que aquilo que é vivenciado como inspiração da força provém de uma realização própria do organismo sujeito ao estresse extremo, conformada psicossemanticamente – o que deve se aplicar da mesma forma a uma parte considerável das exaltações proféticas.

Além disso, a forte reação do estresse se manifesta não só no modo explosivo, mas também no modo implosivo. Houve um exemplo disso há alguns anos por ocasião de uma tourada em uma das mais importantes arenas de Madri. O matador errou três vezes seguidas o golpe mortal contra o touro que o atacava – e depois disso caiu em uma espécie de aturdimento, durante o qual o animal enfurecido o teria pisoteado ou morto se o toureiro paralisado não tivesse sido tirado da arena por seus colegas. A melhor explicação para a cena é identificar nela a conversão do polo da reação de estresse em polo do êxtase da autorrejeição. Naquele momento, a vergonha se revelou como um poder transcendente ao matador que falhou. Portanto, embora o lado fisiológico do incidente não pareça ser tão misterioso, não há maneira de situar de modo inteiramente claro seu aspecto espiritual. Não obstante, suposições são permitidas: quando estabelecemos a conexão com a esfera da religião, esse aspecto lembra em que medida compete ao Deus que julga os seres humanos o poder da condenação. Quem tem vontade de se enfiar debaixo da terra, não só sente a desvantagem de ser visível, mas também compreende de imediato o que está em jogo quando seu próprio nome é apagado do livro dos viventes. De qualquer modo, está assegurado que a conexão entre culpa, vergonha e estresse, sem a qual não há como pensar a fúria de alguns sujeitos religiosos contra si mesmos, tem sua raiz em mecanismos endógenos acessíveis à aclaração psicobiológica. Boa parte do que Rudolf Otto chamou de *mysterium tremendum*, em seu conhecido livro *O sagrado*,[8] incide, portanto, *de iure* no âmbito da teoria do estresse. O estudo de Otto como um todo, a despeito de certos méritos quanto ao esclarecimento do campo objetal, deve ser enquadrado na categoria "desconhecimento solene do impetuoso". No aspecto do temor e tremor próprio das religiões, muitas vezes citado depois desse estudo de Otto, manifesta-se o fato, significativo do ponto de vista da neurossemântica, de que, no centro ritual de todas as religiões que foram bem-sucedidas na tradição de longo prazo, emergem experiências-limite artificialmente provocadas. De modo paradoxal, justamente as religiões do Livro monoteístas, aparentemente ameaçadas pela palidez da letra, foram as que melhor souberam encontrar sua ancoragem em ritualizações eficazes da exaltação extrema. Essa foi a única maneira de assegurar sua gravação nas memórias arbitrárias dos crentes.

---

8 Otto, *Das Heilige*, p.13-28.

Uma terceira forma de transcendência suscetível de elucidação origina-se do desconhecimento do que denomino a "inalcançabilidade do outro". Explico sucintamente o que quero dizer com isso servindo-me de um exemplo tirado da literatura clássica da Era Moderna. No final da segunda parte de sua tetralogia romanesca *José e seus irmãos*, de 1934, Thomas Mann descreve como Jacó, depois de receber a notícia da suposta morte de seu filho favorito José, lançou-se em um ritual de luto excessivo – ele se sentou, como mais tarde fez Jó, sobre um monturo no pátio de seu domicílio e, durantes infindáveis dias e semanas, cumulou Deus de lamentações, acusações e contestações do destino. Depois de arrefecida a primeira fase do luto, Jacó tomou consciência da impropriedade de seu comportamento –, começando então a considerar uma grande vantagem que Deus não tenha reagido imediatamente como um parceiro de vida ofendido a tudo o que dissera contra ele durante seu estado de comoção, mas tenha se ocultado em seu distanciamento – Thomas Mann fala sutilmente da "soberba da miséria" provocativa de Jacó, que felizmente foi ignorada por Deus "com tolerância silente". É evidente que a não reação soberana de Deus, em torno da qual alguns teólogos fazem certo estardalhaço, deveria ser interpretada tanto aqui com em outras partes primeiramente de uma maneira mais plausível. Trata-se, para começar, de nada mais que um singelo caso de inalcançabilidade, e seria preciso preencher uma série de requisitos bem exigentes antes que se possa chegar à conclusão de que quem não reage seria justamente por isso um interlocutor superior e até transcendente. Se contássemos a um surdo-mudo a história de sua própria vida, não deveríamos concluir de seu silêncio que ele prefere guardar seu comentário para si.

Em tais situações, a transcendência surge de uma interpretação excessiva da falta de ressonância. Ela resulta da circunstância de que há vários outros que nos são, em primeira linha e na maioria das vezes, inacessíveis e, por isso, permanecem independentes de nós. Por essa razão, eles se encontram do lado de fora das fantasias de simetria que determinam nossas habituais representações de resposta, entendimento, retribuição e coisas desse tipo. Essa descoberta pode levar à formação de relacionamentos racionais entre pessoas marcados pela higiene da distância correta. Na independência do outro, fracassa a busca de um parceiro de delírio — esse insucesso, contudo, representa um grande passo na direção de uma liberdade capaz de relacionar-se. Por conseguinte, a emoção adequada no encontro com uma inteligência que permanece livre também na cooperação é a gratidão pela independência do outro. Portanto, mesmo que aqui haja uma concepção de transcendência marcada pelo desconhecimento, a concepção "Deus", na medida em que se refere simplesmente ao outro, deveria ser apreciada como concepção moralmente fecunda que predispõe as pessoas para tratar com um interlocutor não manipulável.

Por fim, o surgimento de parte importante da transcendência imanentemente traduzível deve ser deduzida do desconhecimento das funções de imunidade. Imunossistemas representam corporificações de expectativas de ferimentos. No plano biológico, eles se manifestam na capacidade de formação de anticorpos; no plano jurídico, na forma de procedimentos de compensação de injustiça e agressão; no plano mágico, na forma de sortilégios para afastar o mal; no plano religioso, na forma de rituais para derrotar o caos – estes últimos mostram às pessoas como continuar quando, por critérios humanos, não há mais como continuar. Na perspectiva sistemática – e percebidas pelo prisma de estranhamentos funcionais –, as religiões enquanto instituições psicossemânticas devem ser definidas como dotadas de um enfoque duplo. De um lado, elas são especializadas no processamento de transtornos de integridade e, a partir dessa perspectiva, dedicam-se a múltiplos fins psicoterapêuticos e socioterapêuticos. De outro, elas servem para canalizar e codificar o excesso de talento humano – uma função que, desde o Romantismo europeu, é relegada em grande medida ao sistema da arte.

No centro da esfera funcional mencionada antes, encontra-se a atribuição de sentido para sofrimento, morte, desordem e acaso. Essa realização, que vincula o consolo para o indivíduo com a estabilização ritual dos grupos, com frequência paga o preço de um efeito colateral imprevisível: os efeitos edificantes das religiões estão inevitavelmente vinculados a atos de fala ritualizados e, por meio destes, acoplados ao nível da generalização simbólica. O que se pretende que atue como meio de cura/salvação tem de se apresentar ao mesmo tempo como imagem de mundo simbolicamente estruturada – isto é, como conjunto de verdades com pretensões de validade prática e teórica. Nisso reside o ponto de partida para uma permutação categorial de consequências virtualmente explosivas. Ela equivale à tentação de declarar um fármaco como divindade. Como em geral são vários os imunossistemas simbolicamente estabilizados que põem suas generalizações em circulação ao mesmo tempo, não deixa de acontecer que eles se questionem um ao outro e até se neguem parcial ou totalmente, dependendo da intensidade da pretensão de generalização. Por ocasião de colisões entre tais sistemas, a tarefa de infundir pensamentos edificantes ou, em termos mais gerais, de cercar a vida com uma moldura ordenadora é sobreposta pela necessidade de ter razão. Para apreciar adequadamente conflitos desse tipo, teríamos de imaginar que pacientes que usam Prozac e usuários de Valium acusam-se mutuamente de heresia e ameaçam-se com danos devastadores à saúde caso um não se converta ao medicamento do outro. Escolho o nome de sedativos que, como se sabe, aqui e ali não têm o efeito esperado e, em vez disso, desencadeiam impulsos maníacos. Um risco comparável adere desde sempre àquilo que, a partir de Paulo, foi denominado "fé". Os efeitos psicossemânticos bem-vindos do estado de convicção religiosa, a estabilização psíquica e a integração social dos crentes estão associados a efeitos arriscados, que correspondem estreitamente à reação maníaca – e isso, aliás, já muito antes do surgimento das religiões monoteístas. Por isso, não se deve dar pouca importância ao fato muito bem atestado de que a formulação dos monoteísmos expansivos proveio de estados de excitação maníaco-apocalípticos de seus fundadores. O desconhecimento da função imunogênica toca aqui diretamente a compreensão da verdade. Ao passo que a mentalidade pragmática se contenta com a tese de que a verdade é o que ajuda, o comportamento zeloso insiste no axioma de que a verdade compete somente àquilo que pode exigir submissão geral. O perigo parte aqui da tendência zelosa de uma pretensão de validade teórica mal-entendida.

É óbvio que os argumentos apresentados até aqui se situam na tradição da obra de David Hume *História natural da religião*, publicada no ano de 1757, embora não reduzam mais, como fez o Iluminismo em sua fase inicial, as ideias religiosas meramente a "esperanças e temores" primitivos. É claro que o pensamento desejoso e as sensações evasivas desempenham do começo ao fim um papel importante em sua conformação, mas eles não explicam a totalidade do fenômeno religioso. A crítica religiosa renovada toma como ponto de partida as concepções da teoria geral da cultura, que investiga as condições sob as quais programas culturais atingem, em determinada população, coerência horizontal, capacidade de transmissão vertical e interiorização pessoal. Graças a sua ótica complexa, a nova abordagem permite chegar a noções precisas até nos detalhes sobre a história natural e a história social das conclusões erradas. Ao contrário do Classicismo iluminista, as novas descrições de fatos religiosos aqui delineadas explicam certas manifestações da fé não por meio da natureza humana deficitária, mas as veem, antes, como fenômenos excedentes, em função dos quais as pessoas estão cronicamente expostas a uma demasia de energias exaltadoras e unificadoras. A "história natural da religião" atualizada recorre a uma antropologia da reação excessiva, que permite aclarar a evolução do *Homo sapiens* com uma teoria dos excedentes de motivação luxuriantes em grupos insulados.[9] A esses devem ser somados os excedentes de consciência que tornam a existência humana exuberante e enigmática. Os conceitos "excedente" e "reação excessiva" não compreendem só o lado energético de fenômenos religio-

---

9 Cf. Sloterdijk, *Sphären II, Globen, Makrosphärologie*, p.197-250, cap.2: "Memórias-recipiente"; e p.251-325, cap.3: "Arcas, muralhas, fronteiras mundiais, imunossistemas"; cf. também *Sphären III, Schäume, Plurale Sphärologie*, p.671 ss., cap.3: "Exaltação e má habituação".

sos – essas concepções também lançam luz sobre os próprios conteúdos da fé, dado que as teopoesias estão fundadas, sem exceção, nos universais do exagero.

Ao lado disso, menciono um quinto aspecto de transcendência, a favor do qual, a meu ver, não se pode argumentar com nenhuma descrição compensatória de caráter funcionalista e naturalista do tipo compulsório. Há autores filosóficos e religiosos que articularam a noção de que faz parte da inteligência humana a capacidade de conceber uma inteligência que a sobrepuja. Essa avultação, ainda que muitas vezes efetuada apenas *pro forma*, faz a inteligência transcender seu nível atual. Ela lhe atesta que está entendendo corretamente a si própria quando se vê incluída em uma tensão vertical. Nesta tensão acontece seu crescimento – pressupondo que ela se decida a correr o risco do aprender. A inteligência vive constantemente em seu mais ou menos interno, e orientar-se em seu polo mais elevado constitui um gesto pelo qual ela professa a transcendência que lhe é peculiar. No que segue, não precisaremos nos ocupar com a multiplicidade desses gestos nem nas religiões monoteístas (expressa tipicamente como exigência de estudar os escritos sagrados) nem na filosofia clássica (que define sofrer e aprender como sinônimos) – ela vive no mundo dos livros como piedade afeita à leitura.

Tocamos outro aspecto irredutível do comportamento religioso ao considerar as respostas de pessoas à provocação feita ao pensamento pela morte inevitável. É sobretudo o aspecto topológico da questão da morte que abre uma perspectiva de transcendência em um sentido bem independente. Os mortais – para citar o título grego dado aos seres humanos – sempre estão sendo pressionados a idealizar o lugar para onde "foram" os falecidos e para o qual também eles "migrarão" *post mortem*. É incontestável que, quanto a esse tema, a imaginação é fértil, como se vê especialmente na descrição detalhada de lugares de qualidade paradisíaca ou infernal situados no além – mas o referido problema transcende em muito a observação diagnóstica de fantasias projetivas. Não há como traçar um simples *continuum* entre a compreensão de espaço e lugar dos vivos e suas imaginações sobre "lugares" transcendentes. Por isso, o lugar dos mortos permanece transcendente, em um sentido da palavra que ainda precisa ser esclarecido. Ele constitui a grandeza heterotópica – se expressar que os falecidos "permanecem" em um lugar diferente que escapa às alternativas "algum lugar" e "nenhum lugar". A tradição oferece codificações muito variadas para se referir a esse lugar diferente "heterotópico", desde o enunciado "com Deus" até "no Nirvana" ou "na memória dos que amam". Mesmo que essas caracterizações sejam figuradas, ambíguas e imprecisas, elas resistem, com seu sentido próprio a reduções levianas, a um trivial lugar nenhum.

Por fim, gostaria de fazer referência a um sétimo significado de transcendência que tampouco pode ser facilmente eliminado em favor de uma explicação naturalista simples. Ele está associado à concepção de que uma instância transcendente, em geral denominada Deus, volta-se em momentos especiais, movida por amor, simpatia ou indignação, para indivíduos humanos, convocando-os a ser receptores de mensagens que, segundo certos critérios autenticadores, são interpretadas como revelações. Aqui não é o lugar para discutir as implicações do conceito de revelação.[10] A expressão ganha seu sentido somente no quadro de um modo de pensar carregado de pressupostos que, em outra parte, chamo de metafísica do emissor forte.[11] A transcendência designa, nesse contexto, o de-onde de uma mensagem significativa para a vida de seres humanos. A ideia da revelação implica a noção bastante dramática segundo a qual um senhor disposto a se comunicar volta-se, por meio de ditados que são presentes ou por meio de presentes que são ditados, valendo-se de meios selecionados – profetas, legisladores e sobre-humanos santos –, a um grupo de receptores, a fim de movê-los à aceitação de sua mensagem. Em uma primeira leitura, revelação se refere, portanto, a uma mensagem "do outro lado" que obriga o destinatário à submissão agradecida.

Vista sob essa luz, a concepção de revelação pertence inconfundivelmente ao mundo do *Homo hierarchicus*. Ela faz uma analogia da relação feudal entre senhor e vassalo com a relação de conhecimento entre objeto e sujeito, acentuando claramente o primado do senhor e do objeto. De acordo com esse modelo, o recebimento de uma revelação equivale ao valor extremo da passividade vassala. Ele demarca o caso em que ouvir e obedecer coincidem. Em outros contextos, falar-se-ia de uma proposta para a qual não se pode dizer não. De imediato se entende como esse modelo perde sua plausibilidade em termos tanto epistemológicos quanto sociais em culturas caracterizadas pela desvassalização. A noção de que poderia haver sujeitos puramente

---

10 Ver adiante p.140 ss. e 175-9.
11 Cf. Sloterdijk, *Sphären II, Globen, Makrosphärologie*, p.667-787, cap.7: "Como o centro da esfera atua sobre o lugar distante através do puro meio".

receptores comprova-se como insustentável, em termos tanto lógicos quanto empíricos. O sujeito não poderia responder ao anjo do objeto: "Suceda comigo o que disseste"; pelo contrário, ele sabe que imprime em todos os objetos de sua experiência seu próprio "quadro de possibilidades". Por essas e outras razões, entra em crise a ideia de uma revelação com formato de ditado que deve ser passivamente aceito. O que quer que seja levado ao conhecimento de sujeitos e por quem quer que seja é algo que não pode mais ser pensado sem a contribuição do receptor. Pode ficar em aberto se isso leva mesmo até o primado da parte receptora, como afirmam alguns construtivistas.

Mediante a "virada para o sujeito", a revelação não só deixa de se tornar passiva, mas também se desconecta cada vez mais dos contextos religiosos mais estreitos: ela não pode mais ser fixada exclusivamente em um pronunciamento singular de um emissor transcendente, como disponibilizada em alguma escritura sagrada – ela acontece de modo permanente e em toda parte; de um lado, em virtude da abertura do mundo que "clareia" a si próprio; de outro, em razão do desvelamento forçado do que até então estava velado, promovido pelo esclarecimento e a pesquisa organizada. Os fatos da atividade científica e da criação artística entre os modernos põem inequivocamente à prova o fim da era das revelações meramente recebidas. Na cultura ativista da racionalidade, surgiu uma forte antítese ao passivismo antigo e medieval que aguarda por verificação da parte dos defensores de concepções mais antigas de revelação. Os devotos da velha guarda estão diante da tarefa de perceber o quanto superestimaram a revelação religiosa como chave para a essência de todas as coisas e o quanto subestimaram a aclaração do mundo por meio de vida alerta, ciência e arte. Isso pressiona a teologia a retomar o aprendizado, dado que ela não deve deixar que se rompa a conexão com o saber sobre o mundo da outra parte. Sem uma certa convergência entre os conteúdos da revelação religiosa e os da elucidação não religiosa do mundo, o pensamento dos crentes afundaria na arbitrariedade irracional. Isso afeta diretamente a ideia da "fé", na medida em que, com a modernização progressiva, o momento ativo se expande em comparação com o passivo também no que se refere a ela – até que, ao final, fique claro o quanto a "vontade de crer" sustenta a primazia diante da fé presenteada.[12]

Não posso desenvolver aqui a indicação de que a penetração de motivos ativistas na religião desencadeia o fenômeno da reforma, nem a observação de que a figura "contrarreforma", própria da história do pensamento humano, sempre entra em campo quando se tenta retomar a imposição da passividade. Nesse sentido, boa parte da atual cultura de massa, sobretudo seu aspecto horrendo, deveria ser imputada a uma contrarreforma não declarada: foi ela que preparou o terreno para o tão citado "retorno da religião". Em todos os projetos para restaurar a passividade, a vontade de crer se comporta como anseio por ser dominado. É nesse contexto que deveria ser tratada a bela sentença de Martin Mosebach, segundo a qual cremos com os joelhos – "ou não cremos de jeito nenhum":[13] ela é sintomática de uma busca decidida a encontrar suporte no que é objetivo. Se ela fosse correta, o joelho seria o órgão propriamente católico e os corações elevados teriam de se contentar com o segundo lugar.

---

12 Cf. Sloterdijk, *Neuigkeiten über den Willen zum Glauben*. In: Schweidler (Org.), *Postsäkulare Gesellschaft*.

13 Mosebach, *Häresie der Formlosigkeit*, p.25.

Em síntese, constato que no futuro o estudo de tais fenômenos não se restringirá mais à disciplina da ciência da religião. Ao contrário, com o tempo a ciência cultural geral precisará estender sua competência ao campo religioso. Em vez de proclamar um ano das ciências do espírito, deveria ser proclamado um século das ciências culturais. Sua missão espiritual deve ficar esclarecida assim que ela aprender a converter os tesouros do saber transcultural em capitais vivos que podem ser investidos em todas as culturas existentes. Na condição de ciência da coexistência, a ciência cultural seria a verdadeira moderadora do ecúmeno global. Compete a ela mostrar por que a única via ainda aberta é a civilizatória.

2
As formações de combate

Tomadas essas precauções, eu gostaria de me voltar para o grupo das três religiões monoteístas, cuja guerra e diálogo constituem o objeto destas reflexões. Começo com uma análise genética que visa mostrar como as referidas religiões uma após a outra divergiram ou então se originaram de fontes mais antigas — algo comparável a uma explosão de três fases (ou a uma sequência de recepções hostis). Não é preciso explicar muito que, no caso de um esboço rápido como este, são possíveis somente observações elementares e bastante esquematizadas, e, como não se trata aqui da história das religiões, mas da apresentação de "partidos em conflito", posso me contentar com declarações que se atêm ao plano do típico. A história dos textos sagrados tampouco é foco de meu empreendimento, razão pela qual aqui não se faz nem mesmo rudimentarmente a tentativa de descrever o desdobramento do cristianismo e do islamismo como romance de aventuras da leitura equivocada que os críticos literários identificam no modo como os dois monoteísmos posteriores lidam com os livros sagrados dos predecessores.[1] É desnecessário acentuar que, da perspectiva da fé, as reflexões a seguir deverão parecer grosseiramente injustas, na medida em que para ela é injusto tudo o que é dito a seu respeito sem que ela própria o tenha redigido. Um balançar espasmódico da cabeça dificilmente poderá ser evitado como comentário dos leitores de todos esses três lados às exposições seguintes. Pondere-se que o tema como tal estimula a unilateralidade, visto que ele exige trazer para o primeiro plano não tanto os conteúdos das doutrinas monoteístas que exigem respeito, e sim sua concorrência e os potenciais geradores de conflito.

As formações dos candidatos no campo de batalha das teses monoteístas inicia logicamente com a determinação da posição do judaísmo. Do que se trata aí foi expresso quintessencialmente por Thomas Mann em um capítulo inspirado de *José e seus irmãos*, sob o título "Como Abraão descobriu Deus". Na cena original da tradição abraâmica literariamente reconstruída, observamos o patriarca dos monoteísmos se debatendo com a pergunta a quem o ser humano deveria servir: "E sua curiosa resposta a isso foi: 'Exclusivamente ao Supremo'".[2] Fazendo um esforço de meditação, Abraão se convence de que a Mãe Terra, por mais admiravelmente multiformes que sejam suas produções, não poderia constituir o Primeiro e Supremo, dado que ela manifestamente depende da chuva do céu. Remetido ao céu por essas reflexões, depois de um tempo Abraão chega à conclusão de que o céu, não obstante suas sublimes

---

[1] Sobre a *misreading* [leitura equivocada] cristã de fontes judaicas, especialmente em Paulo e no Evangelho de João, cf. Bloom, *Jesus and Jahweh*.

[2] Mann, *Joseph und seine Brüder*, *Die Geschichten Jaakobs*, p.316.

órbitas estelares e todos os fenômenos meteorológicos atemorizantes, tampouco corporificava inteiramente o que se estava buscando, dado que esses elementos estão sempre mudando e negando-se um ao outro – por exemplo, a lua se apaga quando a estrela da manhã desponta. "Não, eles tampouco são deuses dignos de mim." Por fim, por pura "ânsia pelo Supremo",[3] Abraão chega ao conceito de um Deus sobremodo sublime, poderoso e transcendente, que governa as constelações e, desse modo, prova ser de maneira incondicional o Primeiro, o Poderoso e o Único. A partir desse momento, Abraão, que em virtude de suas investigações se tornara, ele próprio, o "pai de Deus",[4] soube bem a quem deveria dirigir suas orações no futuro: "Sempre foi somente Ele, o Supremo, que podia ser o Deus próprio do ser humano e que era infalível em ouvir o clamor e o louvor do ser humano".[5]

Nessa regressão poética até a fonte psicodinâmica da crença em um só Deus no patriarca dos judeus, Thomas Mann pôs muito acertadamente o acento em uma emoção que foi denominada afeto sumoteísta. Muito antes de qualquer teologia teórica, esse afeto fornece a matriz do sentimento autenticamente monoteísta. Ele promove a ressonância entre um Deus que fala sério quando afirma seu domínio sobre o mundo e um ser humano que fala sério quando diz querer pertencer a tal soberano. Thomas Mann não omite que essa espécie de busca por Deus é inseparável da busca por significância humana: portanto, não há monoteísmo sem certa dose de vanglória.

---

3 Ibid., p.317.
4 Ibid., p.319.
5 Ibid., p.318.

Para obter alguma consideração e importância diante de Deus e dos seres humanos, foi necessário dar a devida importância às coisas – ou pelo menos a uma coisa. O patriarca considerara absolutamente importante a pergunta a quem o ser humano deveria servir [...].⁶

Curiosamente, a sobrelevação abraâmica de Deus (como mostra seu retrato nos livros do Javista), em um primeiro momento, ainda não levou a seu deslocamento para regiões totalmente supra-humanas. Certamente ele é descrito como um Deus nas alturas, mas não há dúvida sobre sua radicação na terra. Ele preserva todas as qualidades de um ser humano que não desconhece nada demasiado humano, começando pela irritabilidade colérica que ostenta no modo de tratar os seus e indo até a explosividade imprevisível que caracteriza o estilo de seus primeiros pronunciamentos. Sua ironia despótica e seu constante vaivém entre presença e ausência emprestam-lhe mais semelhança com um pai impossível de suportar que com um princípio de justiça celestial. Um Deus que gosta de jardins e se delicia em seu frescor vespertino, que trava batalhas sangrentas e submete os que creem nele a provas de subordinação com requintes de sadismo pode ser tudo menos um espírito desencarnado e muito menos um neutro extramundano. Sua vida emocional oscila entre jovialidade e tumulto, e nada é mais despropositado que a suposição de que seu propósito é amar o gênero humano em sua totalidade. Se alguma vez houve uma figura da qual se poderia dizer que foi Deus por inteiro e ser humano por inteiro, então é Javé conforme sua

---

6 Ibid., p.316.

apresentação no livro do J [= Javista]. A respeito dele, Harold Bloom observou com razão que representa o personagem mais intratável da história das religiões – comparável ao rei Lear entre os detentores de poder celestiais. É teopsicologicamente impensável que justo um visionário carismático como Jesus teria sido seu "filho amado" e até igual a ele em essência, como estabeleceram os teólogos em Niceia.[7] Não há quem possa ser *homoousios* com tal suprassumo de obstinação, muito menos um "filho" com perfil jesuânico. O que os teólogos cristãos denominaram Deus Pai foi uma invenção tardia com propósitos político-trinitários. Naquela época, era preciso introduzir um Pai bondoso que combinasse mais ou menos com o filho admirável. Naturalmente a nova descrição cristã de Deus pouco tinha a ver com o Javé dos escritos judaicos.

No início da reação em cadeia monoteísta, encontramos uma espécie de contrato entre uma psique seriamente grande e um Deus seriamente grande. No contexto em questão, não é preciso falar das restantes qualidades desse Deus, de sua índole colérica, de sua ironia e de seu gosto por hipérboles tonitruantes. Essa aliança funda uma relação ardente produtora de símbolos, sem a qual seria inimaginável grande parte do que desde o século XIX se denomina altas culturas (segundo Karl Jaspers, também "culturas da era axial"). Um dos segredos da aliança sumoteísta certamente consiste na satisfação dos crentes por obterem, mediante a submissão ao Supremo, uma parcela modesta, qualquer que seja, de sua soberania. Daí o pro-

---

[7] Cf. Bloom, *Jesus and Jahweh*.

nunciado desejo de submeter-se que pode ser observado entre os partidários da ideia estrita de Deus. Ninguém consegue assumir o conceito de um Deus assim sem cair no frenesi do querer servir e do querer participar. Com bastante frequência os servos resolutos do Uno são tomados pelo orgulho que sentem de sua humildade. Os crentes florescem em seus zelosos papéis também porque nada bane tão efetivamente os fantasmas da desorientação existencial quanto a cooperação em uma empresa sacral que cria postos de serviço e promete ascensão. Nesse sentido, o sistema "Deus" deve ser entendido como um dos mais importantes empregadores na região crente – e, nesse caso, ateísmo significa, em primeira linha, uma forma de destruição de postos de trabalho que compreensivelmente é combatida pelos atingidos com denodo.

A *liaison* [ligação] entre seriedade e grandeza corresponde à pressão crescente a que se expõe o sentimento religioso, assim que se elevam as exigências feitas aos predicados divinos. E elas se elevam de modo evolutivamente inevitável quando, como no Oriente Próximo dos séculos II e I antes da Era Cristã, uma pluralidade de religiões ambiciosas começou a atritar-se – até que passou a fase das gentilezas diplomáticas e a questão da primazia última e da superioridade absoluta se tornou inevitável. Sob essas condições, as relações entre psique e mundo adquirem uma nova dinâmica: o cenário ampliado do mundo e de Deus exige das almas capacidade crescente de apreensão – inversamente, as exigências majoradas de significado das almas exigem de Deus e do mundo papéis cada vez mais interessantes nos dramas universais. Os zelosos monoteístas de todas as épocas atestam com toda a sua existência esse desenvolvimento: se fosse por eles, seu fervor serviçal não representaria só sua contribuição privada para a glória de Deus. Ele seria o zelo manifesto pelo próprio Deus que interfere no mundo por meio deles. Esse zelo é, quando entendido corretamente, um aspecto do arrependimento de Deus por ter criado o mundo. Em sua forma atenuada, ele atesta sua boa vontade de salvar da criação desgovernada o que ainda é possível salvar.

Portanto, a escolha da religião por Abraão é, em suma medida, determinada *timoticamente* — caso seja legítimo recorrer à concepção grega do *thymós*, que designa o centro emocional dos impulsos da psique guiado pela ambição e pelo orgulho, para interpretar os teodramas do Oriente Próximo.[8] Ao exigir que seu Deus seja simplesmente o Supremo, elevando-se até a supramundanidade, Abraão exclui, para grande benefício de sua autoconsciência, todas as alianças menores de sua busca por um senhor soberano e parceiro. O preço a pagar por essa aliança singular se chama monolatria: adoração de um único deus, destacado dentre uma penca de concorrentes, cuja existência e atividade por ora não há como negar. Friedrich Max Müller (1823-1900), o grande pesquisador das línguas e da religião, influenciado por Schelling, a quem a indologia atual ainda tem muito a agradecer, propôs o termo "henoteísmo" para essa postura dedicada ao culto do Uno e Único, e a identificou como estágio evolutivo anterior ao monoteísmo. Na medida em que esse Uno, na condição de o-único-significativo-para-nós, conquista uma posição preeminente, os demais deuses necessariamente caem na hierarquia. Com o tempo, eles são tidos apenas ainda como potências ultrapassadas, na melhor

---

8 Sobre a reatualização da psicologia timótica, cf. Sloterdijk, *Zorn und Zeit*.

das hipóteses como funcionários úteis do céu, mas com mais frequência como parasitas rebeldes – cabeças de ponte das doutrinas dos demônios e do diabo, cujo florescimento seria bem típico das doutrinas do Deus Uno desenvolvidas, de data posterior. A partir daí se entende por que não pode haver monoteísmo sem ciúme hierárquico. Como a prioridade da figura do Uno e Único só pôde ser garantida pela subordinação de outros candidatos, o controle dos que foram passados para trás permanece uma tarefa cronicamente a ser resolvida. Já na matriz monoteísta mais antiga aparecem os contornos dos campos que mais tarde seriam preenchidos pelos adversários de turno do Uno. O novo antagonismo logo permite identificar sua tendência polêmica: o Uno supramundano verdadeiro contra os muitos intramundanos falsos.

O que, do ponto de vista teórico, perfaz a ousada complicação do monoteísmo – sua decisão prévia de apresentar a transcendência como pessoa –, resulta, no aspecto prático, em sua maior virtude, a saber, que todo crente potencial e real pode recorrer a uma profusão de intuições que tornam compreensível o agir de Deus com o mundo. Sendo pessoa, Deus pode criar, destruir, amar, odiar, permitir, proibir, recompensar, castigar – e, em meio a tudo isso, observar.[9] Enquanto se tratava de meros deuses domésticos e familiares, era fácil tornar isso plausível. Porém, para dotar um deus universal de tais atributos pessoais, já era preciso forçar a analogia com os grandes reis. Contudo, sem um esforço contraintuitivo, nada se alcançava nesse campo. Em todo caso, é certo que apenas por meio dessa suposição da pessoalidade pôde ser bem-sucedida

---

9 Cf. Luhmann, *Die Religion der Gesellschaft*, p.152 ss.

a mais ambiciosa manobra do monoteísmo incipiente: estabelecer o infinitamente improvável como o mais seguro para a fé.

Na formação de combate do monoteísmo judaico, acrescentam-se duas complicações psicopolíticas de certo alcance. Por um lado, foi levantada a suspeita de que ele remonta a uma exportação de ideias do Egito que os judeus teriam promovido em seu êxodo semimítico sob a liderança de Moisés – uma suspeita que Sigmund Freud expandiu até a hipótese temerária de que o próprio Moisés teria sido, como permite supor seu nome, um egípcio possivelmente de família nobre, que teria dado continuidade entre os judeus ao grande experimento político-religioso do período de Amarna, o monoteísmo solar de Aquenáton. De acordo com isso, os judeus da época pós-mosaica, apesar de sua autocompreensão antiegípcia, teriam permanecido na verdade um coletivo heteroegípcio,[10] com o qual teria sido encenado, no começo de modo semiconsciente, depois de modo inconsciente, um capítulo de teologia experimental do Deus Supremo com todas as consequências – consequências das quais o genocídio interno perpetrado pelo partido leal a Moisés contra os adoradores do bezerro no sopé do Monte Sinai (caso esse incidente não seja só uma invenção edificante-intimidadora) pode ter sido um exemplo extremo, mas que não ficou totalmente sem efeito.

Na ordem dada por Moisés – "Mate cada qual seu irmão, seu amigo e seu vizinho" (Êxodo 32,27) –, fez-se ouvir pela primeira vez o lema do zelo pela coisa Una e pelo Uno, em nome

---

10 Sobre "heteroegiptismo", cf. Sloterdijk, *Derrida, un egyptien*.

dos quais longos trechos da história do monoteísmo (sobretudo suas redações cristã e islâmica) devem ser lidos como um relato de inescrupulosidades sagradas. Junto ao Monte Sinai é inventada uma modalidade moralmente nova de matar: ela não serve mais à sobrevivência de uma tribo, mas ao triunfo de um princípio. Quando Deus se torna uma ideia... Ligada a essa inovação está uma mudança de forma da vítima que vai da apresentação de uma oferta ao extermínio de um adversário. Em vista de tais sucessos, só se pode dizer que o triunfo de Israel consiste na constituição de uma "comunidade voluntária baseada em convicções" quando se deixa de lado a fração eliminada.[11] O que "comunidades baseadas em convicções" sob estresse são capazes de fazer é denunciado, entre outras coisas, pelo sistema de delação organizado pelos jacobinos após 1793, que conclamou os virtuosos dentre os franceses a denunciar aos órgãos da justiça revolucionária não só seus vizinhos mais chegados, mas também os membros de suas próprias famílias por causa das mais ínfimas observações críticas.

O mito do êxodo permanece constitutivo para o judaísmo, dado que, por meio de suas circunstâncias dramáticas reiteradamente conjuradas, produz um forte engrama psíquico, sobretudo pela memória admonitória dos feitos do anjo da

---

[11] Essa característica é ressaltada por Schramm em sua análise intitulada *Fünf Wegscheiden der Weltgeschichte* [Cinco encruzilhadas da história mundial], p.28-30, para explicar o avanço de grupos inovadores na direção de novas noções fundamentais a que seguem espontaneamente; porém, esse fenômeno só chegou a uma forma suficientemente clara no cristianismo mais antigo, na Reforma do século XVI e na revolução norte-americana do século XVIII, ao passo que se poderia citar o mosaísmo inicial praticamente como contraexemplo.

morte que, na noite crítica, passou sem entrar pelas portas das casas dos judeus cujos marcos estavam pintados com sangue de cordeiro (em hebraico: *pessach*, omitir, passar ao largo, poupar), ao passo que entrou nas casas dos egípcios e matou os primogênitos. A narrativa do êxodo está inconfundivelmente acomodada em um ritual de estresse máximo que, em razão da intensa memoatividade da comunidade praticante, garante a mais efetiva interiorização possível da lei.[12] Quem perguntar pelo segredo que fez que o judaísmo fosse capaz de subsistir por mais de 3 mil anos, deveria procurar em primeiro lugar nesse ponto. Não é nada mais que o da grande aptidão memoativa inerente a essa religião em razão de seu mito primordial: ele alia o júbilo pela fuga bem-sucedida com a memória da mais pavorosa de todas as noites. Inúmeras formas secundárias de ensaio vêm em auxílio a essas primeiras formações, sobretudo aquelas que giram em torno do estudo dos escritos. A dor altivamente suportada da circuncisão deve ter atuado no mesmo sentido. Quem existe sob o mito do êxodo tem participação em um estigma estável que abala, exalta, compromete, une e exclui. Em consequência de sua sublime faculdade de ser copiada, ela capacita seus portadores a passar adiante sua paixão e atravessar as épocas como transportador vital de um conteúdo espiritual.

A segunda condição inicial complicadora da formação monoteísta do Antigo Israel decorre da experiência de exílio do século VI antes da contagem cristã do tempo. Entre os eruditos há um consenso amplo de que a teologia judaica

---

12 Sobre o estresse memoativo ritualmente produzido como veículo de enculturação de conteúdos de aprendizado específicos de uma cultura, cf. Mühlmann, *Jesus überlistet Darwin*.

adentrou sua fase crítica por ocasião do cativeiro babilônico, 586-538 antes de virada das eras, durante o qual tomaram forma definitiva seus contornos até hoje identificáveis. Após prelúdios zelóticos e episódios rigoristas mais antigos, esses são os anos da decisão monoteísta. A culminância é desencadeada pelo fato de o Deus de Israel se engalfinhar em uma luta corporal de cunho semântico com os deuses do império babilônico. A monolatria mais antiga de Javé produz então uma superestrutura especulativa que evolui para um monoteísmo tanto teórica como politicamente pretensioso.[13] Não é difícil identificar o ponto alto dessas radicalizações. Ele consiste na projeção de uma concepção política de Deus com sobretons metapolíticos que atesta a firme determinação de atribuir ao Deus do povo escravizado – que chorava às margens dos rios da Babilônia – a superioridade absoluta, embora oculta e que, até segunda ordem, só podia ser afirmada simbolicamente, em relação aos deuses do império despótico.

Essa virada constitui um dos momentos de consequências mais graves na história das ideias do Ocidente posterior. Naquele momento, pela primeira vez, cindem-se em polos opostos espírito e poder, que antes disso formavam uma unidade difusa. Enquanto os detentores do poder de turno, como todos os déspotas bem-sucedidos antes deles, devotam-se inabalavelmente ao sucesso mundano e acumulam notícias de vitórias como troféus sagrados, o espírito dos vencidos se retira para um reservado, onde sonha com justiça e dita as condições de sua satisfação ainda por acontecer. Nesse contexto, o conceito

---

[13] Albani, *Der eine Gott und die himmlischen Heerscharen*; cf. também Lemaire, *Naissance du monothéisme*.

da verdade assume uma tonalidade futurista e se abre para fantasias de conversão de tendência em parte terapêutica, em parte revanchista. A teologia pós-babilônica descobre o pensamento no modo contrafático e utópico. Verdade e realidade passam a divergir – fazendo surgir a opção de propagar, em nome da verdade (que a partir daí é usada como a arma mais afiada dos fracos), valores contrarreais, que estão condenados ao fracasso no palco do real e, ainda assim, não podem nem querem parar de antecipar a hora de seu triunfo.

A reação teológica do judaísmo pós-babilônico contra a experiência da escravização cristaliza-se em um culto da euforia na derrota. Por essa razão, o primeiro monoteísmo real que aqui está em fase de crescimento deve ser compreendido antes de tudo como teologia de protesto. Ele só pode ser como é na medida em que não representar a religião dominante, mas a religião da resistência contra o dominante. O sentido da teocracia judaica é exaltar seu próprio rei transcendente e oculto acima dos reis manifestos dos demais. Só então a busca sumoteísta de Abraão pelo Supremo e o zelo monolátrico mosaico pelo Uno são fundidos – em sentido antibabilônico e anti-imperialista – em uma forma de devoção subversiva, crítica ao poder e inevitavelmente também nostálgica do poder. A partir daí, ela se expressa como o desejo de superioridade em relação ao superior.

A segunda posição no campo dos conflitos monoteístas está claramente demarcada desde que entrou em cena a antítese cristã à tese judaica. O Deus proclamado por Paulo e os demais apóstolos até conserva uma série de características que o vinculam com seu precursor judaico, mas, por meio dos acentos cristológicos subversivamente novos, sua imagem assume traços totalmente inesperados e mesmo provocativos e escandalosos.

O Deus crucificado permanece para sempre um desafio à compreensão mundana de vitória e derrota. Do ponto de vista histórico, é determinante o fato de que tenha sido só com a intervenção paulina que os conteúdos universalistas da teologia judaica pós-babilônica se tornaram eficazes e foram investidos em um movimento proselitista ambicioso. O evento duplo articulado com os nomes de Jesus de Nazaré e Paulo de Tarso significa nada menos que o Deus Uno cruzou as fronteiras da província do Oriente Próximo: ele acarreta a transposição do impulso religioso de um culto etnicamente limitado para a telecomunicação de dimensões imperiais. O apóstolo dos povos não conseguiu mais se satisfazer com os diálogos judaicos locais sobre o sagrado. Movido por um claro instinto estratégico, Paulo identificou como campo de operações de sua missão o *imperium* romano em sua totalidade e, em consequência, pela compreensão daquela época, o mundo todo – razão suficiente para que Paulo seja tido até hoje como um ídolo dos amantes da militância abstrata: por assim dizer, o primeiro puritano, o primeiro jacobino e o primeiro leninista em uma só pessoa. Não é por acaso que o trabalho paulino está documentado amplamente na forma de cartas, na medida em que esse gênero atesta como nenhum outro a atuação apostólica em lugares distantes. Nessas cartas, o leitor atual ainda pode observar a feitura gradativa do cristianismo no ato de escrever.

Através da guinada para o global dissolveu-se a base étnica tradicional da fé em um só Deus. O portador do monoteísmo especificamente novo, postado no pináculo cristológico, não podia mais ser encontrado apenas em Israel, o primeiro povo da aliança. O golpe genial de Paulo transfere a aliança com Deus para um novo povo, "chamado para fora" dos crentes de todos os povos – por essa razão, esse novo coletivo se chamará *ekklesia* ou Novo Israel e encarnará o projeto historicamente inédito de um povo pneumático. Ele compõe o molde original da *communio*: um macrocorpo espiritual em virtude do batismo. Nesse coletivo, o pertencimento ao mesmo senhor tem a precedência em relação à descendência das tribos e linhagens. Com um gestual majestoso se declaram irrelevantes, entre os "filhos de Deus", as diferenças entre judeus e gregos, escravos e livres, homem e mulher (Romanos 10,12 e Gálatas 3,28). Um novo modelo de associação, a "comunhão dos santos", toma o lugar do etnocentrismo imemorável até aquele momento – a partir de então a pessoa é, em primeiro lugar, *socius* de Cristo e só depois membro de tribo e integrante de um povo. O direcionamento para o iminente retorno do Senhor em glória leva, ademais, a uma mudança de ênfase, na qual os motivos futuristas represam *de facto* os motivos genealógicos e os superam *de iure* na hierarquia. Como Deus havia prometido a Abraão, após o nascimento de Isaac, uma descendência "tão numerosa quanto as estrelas no céu", de acordo com Paulo, o modelo da amizade se sobrepõe ao da descendência. A adoção espiritual substitui a procedência carnal.

É de Paulo que se deve derivar o universalismo entusiástico assumido por gerações posteriores de apóstolos como propulsor de uma obra missionária sempre inacabada. Poder-se-ia falar de um integrismo apostólico para designar o projeto de existência no seguimento de Cristo em que o portador da mensagem se deixa consumir pelo trabalho da proclamação. Há razões para afirmar que só é cristão quem converteu em cristã pelo menos uma segunda pessoa. Através da missão, a própria forma de vida se torna conteúdo de vida. Nesse tocante, a subjetividade profana deve ser trocada pela pessoalidade sagrada: "Logo já não sou eu quem vive, mas Cristo vive em mim" (Gálatas 2,20). Aquilo que, contemplado a partir de fora, se apresenta como consumição idealista, visto a partir de dentro significa o privilégio de gastar-se em favor de uma grande causa por força de uma convicção de foro íntimo. Como no caso da vingança, a fé no exercício da missão se acerca da "utopia da vida motivada".[14] O que se diz é que jamais o crente conseguiria se inflamar por Deus a partir de si mesmo se Deus mesmo não se inflamasse nele por seu reino vindouro. Com o evento de Pentecostes, o cristianismo ingressa no reino da alta medialidade. A partir dele, a Igreja se converte na bolsa de troca, na qual se pode entregar o velho eu pouco motivado e, no lugar dele, receber um ego novo e cheio espírito.

É no cristianismo que, pela primeira vez, a forma zelosa e o conteúdo universal da mensagem concrescem em uma unidade efetiva – sobretudo com base na síntese psicodinâmica irresistível encontrada com a forma apostólica de viver. Nela, a figura da guerra santa, prefigurada entre os piedosos judeus, é alçada a um palco universal. Em consequência disso, o novo monoteísmo telemático teve de conferir forma definitiva à permanente fuga para a frente como seu *modus vivendi* característico. Para fora, ele projetou o mundo como o âmbito de recepção da mensagem a ser disseminada, para dentro, se consolidou como empregador

---

14 Sloterdijk, *Zorn und Zeit*, p.96 ss.

para tarefas querigmáticas e diacônicas, o que, na linguagem de hoje, seriam tarefas de relações públicas e profissões terapêuticas – com as quais a primeira Igreja antecipou a sociedade pós-moderna de prestação de serviços, cujo "produto" mais importante são as próprias relações sociais. Por fim, pelo contato com a teologia filosófica dos gregos, a doutrina cristã acolheu também as provocações do monoteísmo teórico e desenvolveu a partir dessa fusão uma solidez intelectual que, no período de quase oitenta gerações, incubou sínteses sempre novas a partir de motivos bíblicos e filosóficos.

Contudo, a nova religião comemorou sua vitória mais importante no campo do ritual. Ela a obteve pela transformação da festa judaica do Pessach na Santa Ceia cristã – uma operação pirata que deve ser entendida como o exemplo histórico-mundial mais bem-sucedido de uma "refuncionalização" no sentido do teatrólogo Brecht. A Santa Ceia não significa apenas um grande *misreading* [leitura equivocada] do modelo judeu, mas sobretudo uma paródia trágica dele. Não há como enfatizar em demasia o alcance do processo: somente com base em um anti-Pessach blasfemo, no qual o homem-Deus se coloca na posição do cordeiro a ser imolado e consumido (como se quisesse desvelar o mistério da terrível noite no Egito), é que o cristianismo se apoderou de um ritual de estresse máximo inconfundível, que assegurou junto aos que dele compartilham a forma mais vívida de participação memoativa – entrementes por um período de dois milênios.[15] Em cada missa não só é

---

15 Mühlmann, *Jesus überlistet Darwin*. De resto, é preciso insistir em que o modelo que deu origem à doutrina do "cordeiro de Deus" não é o quase sacrifício de Isaac por Abraão, mas a reinterpretação monstruosa do ritual de imolação no Pessach.

citada a ceia memorial, mas também renovada a notoriedade íntima da própria fé. De modo análogo, a festa de Pentecostes parodia a entrega das leis junto ao Sinai, que era celebrada pelos judeus cinquenta dias depois do Pessach – como se quisesse provar que guardar a lei é a lei.

No que se refere à questão do "preço do monoteísmo" de orientação cristã, que em tempos recentes foi discutida com certa frequência, contentamo-nos em apontar para duas complicações bem conhecidas. A primeira se refere à ambivalência do cristianismo em relação à matriz religiosa judaica – a fórmula para isso foi oferecida por Paulo, na Carta aos Romanos, quando definiu os judeus como inimigos quanto ao Evangelho, mas como "amados por causa dos patriarcas" quanto à eleição (Romanos 11,28). O papa Pio X, falecido em 1914, ainda renovou a tese paulina, ensinando, como fizeram muitos teólogos antes dele, que o judaísmo teria sido "substituído" pela religião cristã, logo não se poderia "continuar concedendo-lhe existência" – fato que não atrapalhou sua santificação pelo papa Pio XII no ano de 1954. De resto, o uso que os cristãos fizeram das fontes judaicas preenche os requisitos da confiscação hostil – sobretudo pela apropriação do *Tenach*, que, com o nome de Antigo Testamento, foi anexado, canonizado e reinterpretado à luz das necessidades cristãs.

A segunda indicação se refere ao fato de que o cristianismo, que *verbatim* [textualmente] se apresentou como religião do amor, da liberdade e da inclusão cordial, *de facto* também praticou em grande medida a inflexibilidade, o rigorismo e o terror. A *liaison* do mundo da crença ocidental com o espírito do direito romano deu origem a um sistema eclesial regulado juridicamente de alto a baixo, que foi várias vezes questionado também por críticos internos como uma monstruosidade anticristã.[16] Para o cristianismo oriental, o aparato de poder romano por vezes pareceu a encarnação do anticristo na forma de um consórcio perversamente pomposo. O Ivan Illich tardio chegou a identificar o estranhamento da Igreja em relação ao evangelho como a fonte de todos os estranhamentos, de todas as reificações e desapropriações que há séculos desfiguram a vida das pessoas modernas.[17] Em honra do catolicismo romano (mas certamente também como prova de seu salutar enfraquecimento), é preciso dizer que ele acabou não ficando indiferente à profusão de seus espelhamentos críticos: entre as lembranças permanentes que se tem de João Paulo II figurarão os momentos em que o *pontifex maximus* se desculpou diante do mundo inteiro pelos equívocos dos "filhos e filhas" de uma Igreja falível.[18]

Tanto mais compreensível é o fato de que na Europa, a partir do século XVIII, disseminou-se um ceticismo pós-cristão que não queria mais ouvir falar dos arroubos da fé zelosa e muitas vezes nem da fé em geral. Por conseguinte, o distanciamento em relação à Igreja, hoje muito difundido nesse continente, não só apresenta traços de crítica às instituições e hostilidade aos

---

16 A exposição mais soberana do romanismo católico encontra-se no *opus magnum* de Küng, intitulado *Das Christentum*, na terceira seção da parte histórica, que, como um livro dentro do livro, com o título "O paradigma católico-romano da Idade Média" (p.336-601), elabora a "romanização à custa da catolicidade", valendo-se das características da centralização, judicialização, politização, militarização e clericalização.

17 Illich, *In den Flüssen nördlich der Zukunft*.

18 Especialmente no amplo pedido de perdão de 12 mar. 2000.

dogmas, mas não é raro que os protagonistas do modo de vida puramente secular partam para o contra-ataque frontal. Há iluministas resolutos persuadidos de que, durante séculos a fio, o cristianismo fez por merecer toda a blasfêmia proferida contra ele, por mais forte que tenha sido. Não foi Robespierre que, em seu discurso diante da Convenção Nacional, declarou, já em 1794, que os padres são para a moral o que os charlatães são para a medicina?[19] Há duzentos anos as Igrejas e seus dogmas têm de coexistir com caricaturas e atos maldosos – sem que possam, como faziam na Idade Média, escapar "deste mundo", retraindo-se dele por princípio. Em dias críticos, o rancor anticlerical se manifesta em sentenças satíricas como estas: "A existência dos cristãos prova a não existência de Deus".[20] O que fala a favor da capacidade de aprendizagem dos cristãos contemporâneos é que há os que conseguem rir de tais máximas.

O islamismo é o terceiro monoteísmo exclusivo a pisar o palco da história das religiões. Sua formação de combate é determinada pelo fato de se entender enfaticamente como o formato mais tardio e mais perfeito do complexo abraâmico do Deus Uno. O islamismo reclama sua chegada tardia como sua chance espiritual mais preciosa, dado que ele reivindica para si a prerrogativa de vislumbrar e corrigir os supostos e efetivos descaminhos dos dois monoteísmos precursores. É por isso que os clérigos islâmicos denominam o fundador de sua religião de "selo dos profetas". A ideia da correção no processo das re-

---

19 Robespierre, *Rapport sur les idées religieuses et morales*, 7 maio 1794.
20 Scutenaire, *Mes inscriptions*.

velações monoteístas é constitutivo para o islamismo, dado que ela permite fazer da necessidade da não originalidade a virtude da aclaração tardia. Do mesmo modo que a mensagem cristã só surgiu mediante a ab-rogação parcial, a revogação corretiva das doutrinas judaicas (críticos literários acrescentariam: mediante uma leitura bastante equivocada), a revelação islâmica pressupôs a ab-rogação parcial das duas versões mais antigas do monoteísmo. (Nesse processo, a leitura errônea dos dois predecessores atinge um nível aventureiro, mas exatamente o islamismo vitorioso atesta que os adeptos de um novo livro sagrado tinham coisas mais importantes a fazer do que se servir de modo filologicamente correto das fontes de cultos já existentes.) Logo, a religião do Alcorão, como a do Novo Testamento, é em grande extensão marcada teologicamente pelo contraste – sendo que seu primeiro *front* se encontra na mesma linha dos zelotes de origem judaica e cristã, quando estes saíram a campo contra os deuses e ídolos do mundo circundante de cunho politeísta, ao passo que o segundo *front* se volta diretamente contra os judeus e os cristãos. Os judeus são acusados de ser frívolos e hipócritas, visto que não estariam levando a sério seus próprios profetas; os cristãos são confrontados com o dado muito sério de que, em sua cegueira, teriam falsificado o profeta Jesus como Filho de Deus, ao passo que todo verdadeiro saber a respeito de Deus, segundo o islamismo, começa com a noção de que o Supremo estaria eternamente só e não teria filho. O *páthos* da tese islâmica da posição singular de Deus é condicionado sobretudo pela polêmica contra a doutrina trinitária dos cristãos, que é posta sob suspeita de triteísmo.

Como corretivo da cristologia e ao mesmo tempo como seu equivalente funcional, o islamismo desenvolve uma profetologia, visando insuflar na nova religião o elã da legitimidade. Não são só os destinatários árabes que se convencem mais facilmente quando se diz que Deus envia um mensageiro humano aos que querem crer do que quando se insinua que esse mensageiro seria o próprio Deus, ainda que em um segundo modo de ser. Nesse caso, todavia, é preciso atribuir ao profeta uma posição especial incomparável, que por sua vez leva rapidamente a alturas estonteantes. Ela exige nada menos que a doutrina de que Deus se tornou livro. Isso, por seu turno, acarreta o dogma de que o referido livro foi ditado pelo anjo de Deus. Esse mandato obviamente só poderia ter sido recebido por um *medium* singularmente puro e dedicado – do ponto de vista católico, impõe-se a analogia entre Maomé e Maria. Veneradores da Virgem intuirão o que significa quando ocasionalmente a parte islâmica fala de uma "imaculada conceição do Alcorão".[21]

De resto, também o islamismo dependeu da criação de um mito de estresse máximo. Ele o produziu na forma do dever, que vale para todos os crentes, da peregrinação a Meca: os pontos altos dessa árdua empresa consistem na participação pessoal do peregrino no apedrejamento do diabo e do sacrifício de um animal com as próprias mãos. Graças a essas formas de *deep play* (assim se pode denominar esses atos rituais profundamente envolventes), as doutrinas islâmicas são vinculadas a um engrama memoativo impactante.[22] Desnecessário dizer que o islamismo jamais teria subsistido um milênio e meio sem as dramatizações marcantes de seus conteúdos doutrinários.

---

21 Hussain, *The Qur'an and Modernism*, p.1 ss.
22 Mühlmann, op. cit.

Enquanto a escalada monoteísta provocara em Paulo a virada do universalismo defensivo para o universalismo ofensivo, a escalada islâmica acarretou a incrementação do universalismo ofensivo da forma de expansão missionária para a forma de expansão político-militar. O islamismo foi triunfante já em seu início, superando diretamente na primeira investida o estágio da *ecclesia oppressa*.[23] No caso cristão, a metafísica do emissor forte, incrementada por Paulo, teve como consequência a intenção de reconhecer o crucificado como o enviado de Deus igual a Deus. A este os apóstolos podiam aderir como mensageiros de segundo grau. O mesmo esquema do emissário foi usado pelos islamitas para distinguir um profeta que uniu em sua pessoa os papéis do porta-voz espiritual e do chefe militar. Nos dois casos, o emissário forte transcendente foi associado a um mediador privilegiado imanente, em cujos rastros inúmeros mediadores da fé subsequentes se tornariam úteis — ponto de partida sistêmico de todos os fenômenos a serem tratados sob conceitos como clero e domínio clerical. Enquanto Paulo apresentou os crentes ocasionalmente como os atletas de Cristo (I Coríntios 17,24-25) — uma metáfora que se materializou na vida monástica cristã com a fúria da literalidade —, os adeptos militantes de Alá se compreendem como voluntários em uma expedição expansionista sagrada. Eles lembram remotamente a cavalaria puritana de Oliver Cromwell, para a qual os atos de orar e lutar estavam tão próximos um do outro quanto para

---

23 Conforme o esquema narrativo da história da Igreja: *ecclesia oppressa, ecclesia militans, ecclesia triumphans* — da Igreja oprimida para a Igreja militante, da Igreja militante para a Igreja triunfante —, com o qual se sintetizou os destinos políticos do cristianismo entre a morte de Cristo e a virada constantiniana.

os guerreiros religiosamente estimulados do período inicial do califado. A forma associativa do novo movimento é a *umma*, a comuna supratribal, à qual não se tem acesso pelo nascimento, mas pela profissão de fé por Alá e seu profeta, pronunciada em voz alta diante de testemunhas (*shahadah*). Da expansão explosiva do islamismo nos dois séculos que se seguiram à morte do profeta pode-se depreender o tamanho das energias liberadas pela inopinada aliança do sistema clânico com o universalismo.

O islamismo original deve sua dinâmica à circunstância de que, nele – diferentemente do cristianismo que, no início, foi oposição e crítico ao Estado –, os impulsos religiosos e os político-militares atuaram quase desde o primeiro minuto na mesma direção. Isso não impediu que o islamismo desenvolvesse um tipo bem próprio de surrealismo – contudo, ele nunca chegou a formular uma doutrina dos dois reinos, como fez o cristianismo agostiniano. Ele quis, por assim dizer, projetar para fora a oposição entre espaço da fé e mundanidade e diferenciar entre a "casa do islamismo" e a "casa da guerra". Rousseau ainda elogiou, no legado de Maomé, a estreita cumplicidade entre religião e sistema estatal, tentando repeti-la em seus próprios esboços de uma "religião civil". Seguindo essas indicações, a religião dos revolucionários de 1794 quis impor uma não diferenciação pós-cristã de Estado e "Igreja", para forçar também na França, o berço das tentações totalitárias, a identificação dos cidadãos com seu sistema comunitário. Essa intenção fracassou não só diante do liberalismo da burguesia esclarecida, mas também diante da resistência das tradições católicas enrustidas. Com forte pressentimento e de modo coerente, o autor de *O contrato social* criticou o cristianismo como foco de deslealdade política e divisões sociais. Quem fala hoje de totalitarismo jamais deveria esquecer que este fez seu ensaio geral como religião civil revolucionária. Rousseau havia sido seu profeta e, nas pegadas deste, apresentou-se seu fiel discípulo Robespierre como o primeiro califa de uma moderna república baseada em convicções.

3
As frentes de batalha

Depois de apresentados os candidatos principais que se perfilaram no campo da fé e do zelo monoteístas (um quarto candidato, o comunismo que se expandiu no século XIX, ainda não precisa ser levado em conta), não é muito difícil submeter a uma análise sistemática os confrontos potenciais e atuais entre os monoteísmos. A visão mais desimpedida do palco não decorre de um relato histórico, mas é obtida através de um esquema combinatório, no qual devem ser encenadas as possibilidades formais de confronto entre os atores. No exercício estruturalista que segue – espero que ele não assuste os leitores por sua crueza metodológica –, exponho as doze ou então dezoito possibilidades básicas de formação de frentes de batalha intermonoteístas e intramonoteístas e faço aqui e ali menção ao teor histórico ou diacrônico que preenche as constelações sincronicamente esquematizadas. A sequência é aleatória e não contém nenhum enunciado sobre o peso histórico e moral das figuras individuais em conflito. O fato de começar com as posições cristãs coincide com a intenção de mencionar em primeiro lugar a forma *realiter* mais antiga e mais nociva da polêmica intermonoteísta.

A primeira figura da confrontação no espaço intermonoteísta aparece como *antijudaísmo cristão* (I), cujo documento de fundação, a carta do protoapóstolo aos romanos, já foi mencionado. Entre suas fontes mais antigas, seria de mencionar, ao lado daquela, o Evangelho de João, que já articula o mais enfático sentimento antijudaico – nele, os judeus são atacados sem rodeios como "filhos de Satã" e associados a um antimundo rejeitado. Desnecessário acentuar que tais declarações representam não só a mancha de sujeira na veste da religião do amor, mas, além disso, trazem à consciência o preço pago pela ideia atualizada do Messias. Na visão da dinâmica evolutiva, o antijudaísmo religioso concretiza o caso específico de uma lei mais geral, segundo a qual, no momento em que um "movimento espiritual inovador" se põe em marcha, grupos mais lentos inevitavelmente ficam para trás, cujo ritmo demorado ou renitente lhes é imputado como mau presságio pelos acelerados. Os judeus, como conservadores da Antiga Aliança, corporificarão e padecerão essa lei, do mesmo modo que eles, por sua vez, olham para os egípcios e os adoradores de imagens de Canaã como os que pretensamente ficaram parados no tempo em termos espirituais. Dado que a história da inimizade aos judeus de responsabilidade dos cristãos enche bibliotecas, estantes de vilania, nas quais gerações de pesquisadores aprenderam a duvidar, quando não da humanidade, com certeza do cristianismo, nada precisamos acrescentar ao quadro de uma enumeração formal – exceto a observação crítica conceitual de que frequentemente se aplica a esses fenômenos de modo totalmente mecânico a expressão "antissemitismo", com o qual ainda se presta demasiada deferência às fabricações absurdas do racismo político oriundas do século XIX.

A próxima figura é constituída pelo *anti-islamismo cristão* (2), cujos primórdios se pode retraçar até as reações bizantinas aos ataques islâmico-árabes dos séculos VII e VIII. Já nessa época, a Roma oriental perdeu dois terços de seus territórios e a metade de sua população para os conquistadores islâmicos. Na Alta Idade Média europeia, a desqualificação do islamismo já é habitual. Quando Dante mostra, no canto 28 do *Inferno*, o profeta Maomé, na companhia dos semeadores de cismas civis e religiosos, sendo cortado em pedaços por toda eternidade por um demônio perito no manejo da espada, ele deve ter recorrido aos clichês islamofóbicos de seu tempo, sem lhes acrescentar nada de novo de sua própria inspiração, desde que se abstraia do esquema – típico da *commedia* – da correspondência entre o gênero do crime e o modo da punição infernal. Outro testemunho da hostilidade cristã ao islamismo, proveniente do início do século XV, tornou-se famoso pela locução do papa Bento XVI em Regensburg, em setembro de 2006, na qual foi citada a frase – antes um suspiro – do infeliz imperador bizantino Manuel II Paleólogo (cuja bela filha se encontrava no harém do inimigo que sitiava Bizâncio), segundo a qual o profeta Maomé teria acrescentado só coisas ruins e inumanas à revelação cristã.

A seguir, deve-se mencionar o *antipaganismo cristão* (3), um protótipo de polêmica religiosa monoteísta em geral. A oposição do cristianismo aos *pagani*, ou seja, contra os adeptos das religiões "atrasadas" das aldeias e dos vales do *Imperium* romano (como contra os *gentiles*, os povos estrangeiros ainda não convertidos), é duplamente condicionada: por um lado, sua origem é mediada pela tradicional rejeição judaica das religiões de imagens e cultos predominantes até aquele momento. Por outro lado, ela provém do *design* urbano do projeto do povo de Deus, como fora traçado por Paulo com claro instinto imperial em analogia ao ecúmeno greco-romano. Nesse projeto, a nova figura de Deus, inteiramente desenhada em função da medialidade e transportabilidade, necessariamente entrou em brusca contradição com tudo o que pudesse lembrar os círculos mágicos dos santuários rurais mais antigos e os cultos restritos a uma localidade. Por isso, a história do cristianismo é perpassada por uma tensão polêmica contra todos os formatos de crença popular e suas disposições mágico-politeístas, culminando nas infâmias dos processos da Inquisição e do extermínio das bruxas – uma tensão que também admitia concessões, como as que vinham à tona no culto aos santos e às relíquias e outros vultos da piedade popular semipagã, reterritorializada, folclórica e nacionalista-católica.

Na rodada seguinte, deparamo-nos com o *anticristianismo islâmico* (4) e o *antijudaísmo islâmico* (5). Por mais que o islamismo estivesse consciente de sua posterioridade histórica em relação às duas outras correntes do monoteísmo exclusivo e, em consequência, visse razões para cultivar a consciência da afinidade e das fontes comuns, ele insistiu em evidenciar sua diferença específica em relação às anteriores religiões do Livro. Não tenho certeza se Christian Delacampagne tem razão quando fala que uma "lógica radicalmente antijudaica"[1] cunha a cultura islâmica desde seus primórdios até os dias de hoje. Contudo, pode-se falar de uma profunda ambivalência diante da herança judaica, e disso a história, tanto das ideias quanto dos feitos no âmbito

---

[1] Delacampagne, *Islam et Occident*, p.27.

que corresponde a esse conflito, oferece rica evidência. De fato, os vestígios de uma nítida delimitação em relação ao judaísmo remontam ao período que Maomé passou em Medina. Naquela época, não só foi substituída a tradicional orientação da oração voltada para Jerusalém pela orientação para Meca, mas também houve "limpezas e massacres" contra cidadãos judeus – tomei essas duas qualificações da monografia muito empática e bem-intencionada de Hans Küng sobre a terceira das religiões abraâmicas.[2] O sentimento antijudaico no islamismo, quer seja tido como constitutivo ou como conjuntural, foi reforçado no século XX, entre outros, pelos escritos do ideólogo egípcio Sayyid Qutb (1906-1966), que defendeu a tese de que o Ocidente travaria uma guerra de conquista contra o mundo islâmico que estaria sendo guiada em primeira linha por interesses judaicos. Esse gênero de interpretações de nossa época foi recentemente retomado por ruidosas seitas islâmicas apocalípticas, onipresentes na cultura pop árabe, que anteveem febrilmente a aniquilação do judaísmo como um evento histórico-salvífico.

Enquanto no islamismo clássico judeus e cristãos, na condição de adeptos das "religiões do Livro", experimentaram uma tolerância maior e até certo respeito (sobretudo quando viveram como protegidos, *dhimmi*, sob o amparo islâmico e pagavam o imposto pessoal), a polêmica monoteísta contra o estrangeiro e o mais antigo aflora tanto mais fortemente no *antipaganismo islâmico* (6). Este – diferentemente do antipaganismo cristão – não se volta contra os camponeses de origem politeísta que eram uma pedra no sapato dos crentes na cidade e no império. Dessa vez, seu impulso parte das culturas nômades do deserto

---

2 Küng, *Der Islam*, p.152.

inflamadas pela religião, voltando-se contra a confusão reinante nas cidades e sua polivalência cúltica, sua profusão de imagens e petulância arquitetônica. Foi possível fazer a tentativa não totalmente injustificada de derivar o ataque de 11 de setembro de 2001 do imaginário do islamismo original (embora o islamismo atual pareça ser uma causa abraçada sobretudo por moradores de cidades e estudantes). Como se sabe, no Alcorão se conclama sem rodeios não só a matança dos politeístas (surata 2,191, surata 9,5 etc.), mas também a destruição das cidades e suas torres, na medida em que se recusarem a aceitar a palavra sagrada (surata 17,58: "Não existe cidade alguma que não destruiremos antes do Dia da Ressurreição [...]"). Foi Regis Debray que deu nome a uma das fontes da hostilidade contra a cidade no islamismo codificada em termos religiosos, ao explicitar a estreita conexão entre o monoteísmo original e a experiência do deserto: "Deus é um nômade prolongado até o céu, recordando suas dunas".[3]

A tabela panorâmica dos campos de conflito intermonoteísta prossegue com o *anticristianismo judaico* (7) — uma posição à qual supostamente correspondem múltiplas realidades históricas, sem que tivessem sido, pelo que sabemos, documentadas de modo explícito. De qualquer modo, é preciso registrar o fato de que, a partir da reação rabínica do judaísmo no século II d.C., rezou-se pela aniquilação dos "nazarenos" nas sinagogas: "Que sejam apagados do Livro da Vida".[4] Sem dúvida, no caso

---

3 Debray, *Einführung in die Mediologie*, p.98.
4 Peters, *The Monotheists*, p.161.

de polêmicas desse tipo não se trata só das imagens invertidas do antijudaísmo cristão. Se, por um lado, o cristianismo necessariamente sentiu a simples existência do judaísmo como provocação, dado que o apego dos judeus à sua doutrina tradicional não podia significar senão uma rejeição ríspida à proclamação cristã, por outro lado, o fato de que os cristãos se puseram em marcha pela fé na missão divina de Jesus tinha de acarretar a reprovação mais ou menos franca dos judeus. Em tempos mais recentes, ocasionalmente se ouviu de autores judeus que partiram da perspectiva psicológico-religiosa a tese de que o cristianismo seria retrógrado desde a base em relação ao judaísmo, dado que teria trocado a postura mais madura da vida sob a lei por uma aliança ilusória com um Messias "recém-chegado". Até onde pode chegar a polêmica anticristã extraída de fontes judaicas é denunciado por um livro dos psicanalistas Béla Grunberger e Pierre Dessuant com o título *Narcisismo, cristianismo, antissemitismo*,[5] no qual se dá a entender que haveria um *continuum* do narcisismo cristão maligno que liga Jesus diretamente a Hitler. Embora com isso se tenha adentrado o terreno de uma polêmica universal desmedida, não houve escândalo, dado os agredidos se contentarem em balançar a cabeça. Estupefatos, pudemos observar, nesse caso, como um zelo judaizante sem limites se apropriou da psicanálise.

No que se refere ao *anti-islamismo judaico* (8), suas manifestações históricas permaneceram tênues e supõe-se que foram pouco investigadas. Qualquer que tenha sido seu feitio, elas devem ter sido compensadas por alianças judaico-islâmicas isoladas que remontam à era das cruzadas. Em todo caso, os

---

5 Grunberger; Dessuant, *Narzißmus, Christentum, Antisemitismus*.

ataques antiarábicos e anti-islâmicos do raivoso pregador nova-iorquino Meir Kahan (1932-1990) expressaram apenas uma posição marginal dentro do judaísmo. Tanto mais nítidas são as formas ideais e reais do *antipaganismo judaico* (9): ao tratá-las, tocamos as fontes exofóbicas de todo monoteísmo do tipo exclusivista. Para justificá-lo, pode-se apontar para seu caráter defensivo. Se o judaísmo não tivesse se abrigado atrás da "cerca da lei", dificilmente teria resistido às inúmeras provações da história. Em contrapartida, sem isso, a antítese entre a fé dos judeus e os hábitos dos que cultivavam crenças diferentes no mundo do Oriente Próximo jamais teria se aguçado dessa maneira. Pode-se constatar que a subdivisão — ainda corriqueira entre os envolvidos — da humanidade em judeus e não judeus (*gojim*) — uma contraposição que sai sem nenhum esforço dos lábios de grandiloquentes oradores alemães — expressa aspectos de uma relação muito antiga, temerosa e depreciativa, com os adeptos de deuses estranhos e cultos condenados.

Por fim, é preciso levar em conta a possibilidade e realidade de cismas internos, que enriquecem o campo da polêmica do monoteísmo com três posturas básicas adicionais — o *anticristianismo cristão* (10), o *anti-islamismo islâmico* (11) e o *antijudaísmo judaico* (12). No que se refere ao primeiro, lembramos, em primeiro lugar, a profunda fissura que atravessa o cristianismo desde o século da Reforma (prefigurada pelos numerosos cismas de motivação tanto dogmática quanto política da primeira fase da história da Igreja). Todavia, essa ruptura constitui apenas uma das feições definidas entre muitas do potencial de conflito intracristão. Como todos os monoteísmos, também o cristão conhece, por um lado, a tensão entre as interpretações rigoristas e as laxistas da Escritura e, por outro, o atrito crônico entre as tendências ortodoxas e as heréticas. No islamismo, pensa-se obviamente no cisma da *Shiah*, a respeito da qual ainda em nossos dias o líder sunita Abu Musab al-Zarqawi afirma que, como religião, ela tem tão pouco a ver com o islamismo quanto o judaísmo com o cristianismo, "que também se reportam à mesma Escritura".[6] No judaísmo, em contrapartida, o mais indicado seria tomar em consideração, ao lado das divergências cabalistas e místicas da ortodoxia, a oposição entre as correntes legalistas e as correntes messiânicas. A cisão entre as sinagogas conservadoras e as sinagogas liberais tampouco está isenta de efeitos polemogênicos.

Esse panorama circunscreve as doze frentes de batalha que podem se formar em decorrência do uso identitário, coletivizador e polemogênico das três sínteses monoteístas. Se levarmos em conta possíveis coalizões de dois contra um, mais três figuras deverão ser adicionadas à lista: cristãos e islamitas unidos contra judeus (13), judeus e islamitas unidos contra cristãos (14), judeus e cristãos unidos contra islamitas (15). Abstenho-me de procurar indícios históricos para tais alianças.

Tendo em vista a história tanto real quanto virtual das religiões, é preciso constatar, além disso, o necessário desdobramento evolutivo de três ateísmos que correspondem aos referidos monoteísmos. Para compreender essa questão, é preciso reconhecer o fato de que o ateísmo, via de regra, não se origina de uma investigação lógica destituída de contexto sobre o ser ou o não ser de Deus. Ele surge praticamente sempre de negações idiossincráticas de determinadas teses teístas

---

[6] Excertos da carta a Bin Laden e a al-Zawahiri, in: Kepel; Milelli (Orgs.), *Al Quaida*, p.459.

e seu contexto cultual organizado. Nesse sentido, o ateísmo constitui um fenômeno regional. Logo, temos de contar com um *ateísmo cristão* e sua condenação pela ortodoxia cristã (16), ao lado do *ateísmo islâmico* e sua condenação pelo zelo islâmico (17) e do *ateísmo judaico* e sua condenação pela piedade judaica (18). A expressão "condenação" inclui aqui os significados mais sombrios: para Tomás de Aquino, a apostasia da fé cristã era um crime passível de pena capital; ainda no final do século XVII, a Constituição da teocracia puritana de Massachusetts ameaçou aplicar ao crime de ateísmo a pena de morte; na República Islâmica do Paquistão, ainda hoje não crentes e adeptos de outras crenças podem ser condenados à morte sob a acusação de apostasia e blasfêmia. É verdade que também o iluminista totalitário Rousseau quis instituir a pena de morte para os apóstatas da nova "religião civil" ainda a ser criada – e nem mesmo nas "sociedades" esclarecidas do Ocidente atual faltam exemplos de como o centro totalitário, engajado em termos cívico-religiosos, dá o sinal que abre a temporada de caça aos indivíduos que cometeram o sacrilégio de discordar do consenso liberal – uma caçada que aceita e aprova a morte social de quem é caçado. Bem mais raramente deparamos com um ateísmo abstrato, sem pressupostos, que se posiciona contra os teísmos históricos em sua totalidade – como, por exemplo, no tratado sobre os três impostores (referência a Moisés, Jesus e Maomé) do século XVIII, cujo autor, um anônimo inspirado em Spinoza, incrementa a doutrina iluminista corrente da impostura dos sacerdotes, estendendo-a à impostura dos profetas e até à impostura dos fundadores de religiões: não deixando de mencionar que os fundadores não foram só impostores, mas logo também suas primeiras vítimas. Os negadores de

Deus confessantes podem, por sua vez, ser ludibriados por seu próprio zelo, como mostra o caso recente do biólogo Richard Dawkins, cujo livro *Deus, um delírio* (2006) constitui um monumento à superficialidade imorredoura do ateísmo anglicano.

Se, depois dessa passada rápida, sobrevoarmos com o olhar o campo inteiro do conflito, impõem-se duas observações sintetizadoras: por um lado, deve-se constatar que os monoteísmos clássicos evidentemente não chegaram a esgotar seu potencial polemogênico. Pode-se até opinar que os confrontos intermonoteístas e intramonoteístas de qualquer modo já exigiram vítimas em demasia. Porém, quando se estuda as chances formalmente prefiguradas de hostilização entre as religiões mencionadas em uma visão de conjunto de cunho estrutural, decerto se perceberá o quanto a realidade histórica permanece aquém das possibilidades do roteiro. Não é preciso fundamentar o fato de que essa insuficiência veio em benefício das pessoas que, em virtude dela, deixaram de travar muitas batalhas.

Em contrapartida, não queremos deixar de mencionar os observadores não combatentes à beira do campo tripolêmico, que desde tempos idos lançam olhares estupefatos e de estranheza para as formações dos que estão engajados no combate. A seu modo, eles fazem parte do cenário dos monoteísmos militantes. Característico deles, todavia, é o estado de consciência das chamadas "pessoas comuns", que, por sua falta de opinião, a qual livremente deixam em suspenso (dado que Deus é um tema muito elevado), e sua falta de princípio (dado que o fundamental sempre acaba exigindo esforços além da conta), mantêm distância do extenuante teatro de hipermotivação dos convictos e eleitos.

4
As campanhas

Se for correto caracterizar os monoteísmos clássicos como veículos do universalismo zeloso, então aflora com força a pergunta por suas estratégias mundiais. Por sua natureza, cada uma dessas religiões possui uma realidade de vida bem estruturada ou, nas palavras de Ivan Illich, um lado vernacular, no qual pode se difundir o charme do cotidiano religioso não zeloso, impregnado de culto e costume. Como se sabe, Chateaubriand celebrou as "belezas da religião cristã",[1] e com o mesmo direito os apologistas judaicos e islâmicos poderiam ter tratado dos atrativos de suas religiões. Nessas apologias, deveriam ser ressaltadas, ao lado das boas qualidades estéticas, sobretudo as realizações morais ou sociais que se desdobraram no interior das comunas locais de modo mais ou menos impressionante. Mas, por mais que estejamos dispostos a nos deixar impressionar pelos atrativos dos modos de vida monoteístas na "retaguarda" (sem desviar o olhar de seus aspectos

---

[1] Chateaubriand, *Le génie du christianisme*.

impositivos, como, por exemplo, os costumes islâmicos de circuncisão de meninas, cujo *movens*, em última análise, consiste no apego legalista a uma tradição maligna, associado à necessidade de transmitir a falta de liberdade), todos os três devem ser definidos, em primeira linha, como religiões de linhas de frente em razão de suas condições polêmicas iniciais. O fato de seu potencial ofensivo ter podido às vezes, sob certas condições históricas, permanecer na função de espera nada muda no direcionamento expansionista dos programas. Inerente a cada um dos monoteísmos é um *habitus* específico da "tomada do mundo [*Weltnahme*]" – para extrapolar uma expressão de Carl Schmitt cunhada em outros contextos. De fato o Uno que foi descoberto primeiramente no culto regional também quer sempre ser legitimado como um Deus representado no mundo de modo imponente com pretensões de expandir sua soberania. Em razão de sua orientação em um conceito de Deus que ressalta a unicidade e onicompetência do Supremo, o universalismo religioso gera excedentes de significado que explodem em ataques da comuna monoteísta aos seus entornos políticos e cúlticos.

No que segue, diferencio três formas principais do movimento de expansão que se manifesta no desdobramento histórico de campanhas monoteístas. A primeira, o soberanismo teocrático que se tornou marcante para a trajetória do judaísmo pelos espaços e tempos, apresenta traços preponderantemente defensivos e separatistas, ao passo que a segunda e terceira formas, a expansão mediante a atividade missionária e mediante a guerra santa, mostram um forte caráter ofensivo, no qual também desempenham um papel importante meios como persuasão, coerção e submissão, e até mesmo chantagem pura e simples (Batismo ou a morte!, Alcorão ou a morte!). Não é preciso provar formalmente que as duas últimas formas não são atípicas dos dois monoteísmos extrovertidos.

De uma campanha judaica só se pode falar em um sentido limitado e até paradoxal, a saber, que o impacto dos excedentes de significado do monoteísmo pós-exílico tem um direcionamento claramente antibabilônico e mais tarde também anti-helenista, antirromano e, de modo geral, anti-imperial. Em contraposição, não se pode falar de uma expansão missionária ou de uma dinâmica proselitista do judaísmo como um todo. A teologia pós-babilônica do judaísmo é soberanista, na medida em que reclama para o Deus do povo escravizado uma posição única que sobrepuja tudo – uma provocação que se tornou inesquecível por meio do livro do Gênesis, escrito na época pós-exílica. A postura básica do judaísmo diante do mundo circundante, todavia, permaneceu separatista, na medida em que rejeitava todo tipo de comunhão cúltica com os demais povos religiosos e se esquivou da mistura e nivelação ecumênicas – um *habitus* que por milênios gerou uma grande estabilidade biológica, sobretudo nas famílias sacerdotais judaicas, as dos *cohanim*.[2] Ele põe à prova a efetividade de uma comunidade religiosa fechada como "força genética seletiva".[3] A necessidade de uma virada missionária para fora foi admitida somente durante fases relativamente curtas – não deve ter sido por acaso que o único

---

2 Cf. Hamer, *Das Gottes-Gen*, p.207-24, cap.10: "O DNA do povo judeu".
3 Ibid., p.222.

episódio proselitista do judaísmo tenha ocorrido na época que precedeu o desvio da seita messiânica dos jesuanos da corrente principal (*c.* 150 a.C.-50 d.C.). Durante o período mais longo de sua existência histórica, em contraposição, o judaísmo se instalou em uma posição que é mais bem caracterizada como universalismo defensivo. A partir dessa postura imbricada em si mesma, o povo de Israel produziu – primeiro sobre a base de modos de vida tribais e de pequenos Estados, mais tarde (após o "holocausto romano", como o designa Harold Bloom) sob as condições do exílio e da diáspora – um excedente teológico potente, que teria bastado como provisão espiritual de um grande império, embora por muitos séculos os autores dessas doutrinas nem mesmo tivessem garantida sua subsistência como povo em seu próprio território. Por se orientar na concepção de viver sob o olhar de um Deus que o observa, o povo judeu desenvolveu um *sensorium* para a contraobservação desse Deus, graças à qual um posicionamento excêntrico de matiz teológico (condensado na ideia da aliança) tornou-se sua segunda natureza.

Se, apesar de todas as ressalvas, for legítimo falar de uma campanha judaica, essa expressão poderia designar exclusivamente aquilo que Leo Baeck denominou, em *A essência do judaísmo* (1905 em diante), a "luta pela autopreservação". É verdade que, segundo Baeck, não há como pensar em separar do judaísmo como um todo "a força de doutrinar e de converter", mas, durante quase 2 mil anos de diáspora, esse potencial se tornou efetivo preponderantemente só no sentido introvertido e defensivo. "O que se compreendeu foi que *a mera existência pode ser uma proclamação, o existir já é uma pregação ao mundo.* [...] O simples fato de estar aí tinha um significado. [...] A autopreservação era vivenciada como preservação por meio de Deus."⁴ Um autor cristão exagerou essas afirmações até sua plena cognoscibilidade, ao confessar que, para ele, a sobrevivência do judaísmo no mundo de hoje significa nada menos que uma prova de Deus extraída da História. Representantes da neurorretórica evolutiva diriam que a persistência temporal do judaísmo fornece a prova de copiabilidade vertical precisa dos rituais memoativos praticados nesse povo. Dado que o judaísmo investiu seus excedentes de significado religioso em sua autopreservação como povo e comunidade ritual, sua existência física se preencheu de conteúdos metafísicos que equivaleram ao cumprimento de uma missão – uma razão a mais pela qual o ataque físico ao judaísmo pode andar de mãos dadas com a busca de sua extinção espiritual e moral.

Vista em termos formais, a relação entre o judaísmo e as duas religiões que o sucederam pode ser entendida como prefiguração espiritual da guerra assimétrica. Henry Kissinger forneceu em 1969 sua fórmula estratégica, mediante a seguinte constatação: a guerrilha ganha se não perder, ao passo que as tropas regulares perdem se não ganharem. A posição judaica corresponde à de um movimento de guerrilha, que credita a não derrota seguidamente alcançada como condição necessária, embora não suficiente, de sua vitória. Ao assegurar sua sobrevivência, ela cria os pressupostos do êxito temporário e, quem sabe, um dia também do êxito definitivo. A "preservação do judaísmo" acontece, como observa Leo Baeck com *páthos* profético, segundo as "leis rigorosas da vida" em um processo histórico de seleção. "A história segrega, pois exige a decisão; ela se torna a grande seleção entre os humanos. [...] Quando

---

4 Baeck, *Das Wesen des Judentums*, p.290.

a dura seriedade chama os humanos, muitas vezes sobram só os poucos. [...] O que resta é a justificação da história."[5] A campanha judaica propriamente dita equipara-se, assim, a uma prova de revezamento com muitas perdas ao longo das épocas e dos reinos. Essa *anábasis* dos justos assume a forma de uma prova que se repete de geração em geração. Nela, uma minoria é peneirada de dentro da minoria, visando continuar, da maneira mais pura possível, a aventura monoteísta em sua forma original, a vida sob a lei e atrás da "cerca em torno da doutrina".[6] O desdobramento do paradoxo fundamental dessa estrutura religiosa, a especialização do Deus universal em um único povo, ainda é impedido com todas as forças.

O Estado de Israel proclamado em 1948 secularizou o motivo da sobrevivência testada. Ele se apresenta como a forma política de uma "sociedade" de imigrantes que requer, para sua existência física (após o "retorno" do povo à região de sua antiga existência histórica), um significado adicional discretamente transcendente. A fundação de um Estado próprio pareceu a numerosos judeus, após a *shoah*, o único caminho acessível para assegurar sua existência futura. Israel paga um preço alto por isso, na condição de partido de conflito na crise permanente do Oriente Próximo. Nesse papel, ele inevitavelmente perde grande parte das boas qualidades morais que pôde atribuir a si mesmo enquanto se percebeu como comunidade dispersa e sofredora. Não é mais muito grande o número dos que querem acompanhar Israel também nas complicações de sua nova posição. Nesta, ele sofre a pressão de mostrar força, assim como

---

5 Ibid., p.279.
6 Ibid., p.294 ss.

antes padeceu de sua capacidade de resistir a maus tratos. Nesse ponto, igualmente não há dúvida quanto ao primado da postura defensiva. Registremos que essa tese se refere à razão de Estado de Israel e não ao universalismo bloqueado da religiosidade judaica.

Em um sentido bem mais direto, pode-se falar da campanha do cristianismo, dado que ao seu aparecimento se associa a virada para o universalismo ofensivo. Nele, são desdobrados um após o outro os traços paradoxais da formação do sistema monoteísta, que no judaísmo ainda eram mantidos a sete chaves. Sua entrada em cena no palco das forças que movem o mundo implica a lição de que ideias desse nível ganham corpo em processos autopoiéticos que se leem a partir do resultado como histórias de êxito. Os administradores do *Imperium Romanum* já bem cedo tiveram consciência da periculosidade da provocação cristã, quando reprimiram a nova religião missionária em várias ondas de perseguição, ao passo que, via de regra, deixaram em paz os judeus, que não eram missionários. Durante o período de repressão, os cristãos permaneceram fiéis à sua postura fundamental de não violência, de passividade extática. Só fizeram alianças que recorreram à violência depois que se alçaram à condição de religião detentora do poder. Entende-se muito bem o que historiadores críticos à Igreja querem dizer quando datam o pecado original do cristianismo no momento em que começou a dividir o acampamento com o poder secular.

O ponto alto dos êxitos da história cristã expressa-se na seguinte constatação corriqueira: a maioria da humanidade atual usa o calendário cristão ou, na medida em que adere a outras contagens de tempo, refere-se a ele como quadro exterior de orientação, segundo o qual escrevemos atualmente o ano de 2007 *post Christum natum* – o que corresponde mais ou menos ao ano judaico de 5767 ou ao ano islâmico de 1428. Apenas poucos contemporâneos têm consciência de que, quando fazem isso, se referem a um evento que faz uma cesura na "história da verdade". O ano zero dessa contagem lembra o momento em que o "mundo" se converteu em campo missionário de uma mensagem radicalmente inclusiva. De acordo com esta, todos os seres humanos, em conformidade com sua natureza comum de criaturas, devem se compreender como membros de uma única comuna, fundada por Deus, rompida pela culpa humana e restaurada pelo Filho de Deus. Onde essa notícia fosse entendida, ela teria de levar à resolução das hostilidades que brotaram entre indivíduos e grupos; ademais, ela revogaria o enclausuramento das culturas em si mesmas e direcionaria todos os coletivos para um polo comum do direito sublime.

Em sentido moral, isso figura entre as melhores coisas que os seres humanos jamais chegaram a ouvir – o que, todavia, não impediu que alguns dos piores conflitos brotassem das rivalidades entre os grupos que quiseram assegurar para si a prerrogativa de transmitir a boa-nova aos não crentes. Quando anotou que "o mundo se transformou em rinha de galos para apóstolos",[7] o sutil reacionário Dávila reconheceu um traço básico do conflito monoteísta. Contudo, ele subestimou a potência das "brigas de galos" para fazer história. A "história" surge de fato do projeto de comunicação total da vontade monoteísta. A partir da perspectiva interna, ela se refere ao

---

7 Dávila, *Das Leben ist die Guillotine der Wahrheiten*, p.28.

processo de abertura de todos os povos para a notícia do Deus Uno, cujo retrato se diferencia trinitariamente. Tudo o que veio antes disso volta a submergir no antigo éon e só continua tendo algum peso na medida em que pode ser interpretado como preparação para o Evangelho. Ao passo que a vida dos humanos até ali dificilmente terá sido algo diferente de acompanhar os ciclos da natureza e o surgimento e declínio dos impérios, no futuro ela deve estar ciente de sua inclusão em um processo direcionado para um objetivo. O mundo adquire dinâmica histórica no sentido estrito da palavra a partir do instante em que tudo o que acontece está imbuído de um único movimento. O que se denomina história é a campanha do gênero humano visando à unidade inteligível sob o Deus comum ao universo. Nesse sentido, Leo Baeck tem razão ao dizer que não haveria "nenhum monoteísmo sem a história mundial".[8] Esse conceito de história pressupõe tacitamente o cristianismo como órgão executor da obra messiânica. De modo geral, o significado do messiânico só se tornou realmente compreensível depois de ter sido preenchido pelo evangélico. O messianismo *post Christum natum* não só atesta a circunstância de que os judeus não acompanham a cesura cristã; ele evidencia, ademais, que inclusive após o advento da boa-nova sobra suficiente espaço até entre os cristãos para esperar por novas coisas boas. Até segunda ordem, permanece em aberto se pode e deve haver uma coletânea de notícias referentes a novas coisas boas em um Novíssimo Testamento.

No capítulo sobre as formações de combate, já se apontou para o papel específico de Paulo na detonação do privilégio

---

8 Baeck, op. cit., p.264.

judaico de acesso ao Único e Supremo. Sintomaticamente, em tempos mais recentes, não faltam, entre os teólogos judeus, intérpretes que não querem mais ver Paulo apenas como o traidor que foi, desde sempre, para a maioria dos comentaristas judeus. Começa-se a apreciá-lo de modo crescente como o zelote que levou a sério a vocação sacerdotal universal do povo judeu quando, por meio de uma popularização genial, difundiu pelo mundo o potencial universalista da doutrina judaica pós-babilônica de Deus. Um autor como Ben-Chorin dá a entender que, no final das contas, até os judeus deveriam ter aplaudido quando a centelha monoteísta saltou de Israel para os povos da Terra, embora o preço pago por isso tenha sido os cristãos sucumbirem a uma ilusão deplorável quando brincaram com o fogo messiânico.[9] A virada para a amplidão mundial permanece irrevogavelmente associada à cesura cristã. Inácio de Antioquia, um autor do início do segundo século, já asseverou inequivocamente em sua Carta aos Magnésios (10,3-4) que o judaísmo leva ao cristianismo, e não o contrário. Nessa tese, ouve-se a voz do clérigo resoluto que exige e antevê, para além do *martyrium* que almeja para sua própria pessoa, o triunfo da causa cristã em grandes dimensões.[10]

Sob a lupa do êxito avolumam-se em potências mundiais também os aspectos sombrios do monoteísmo zeloso. A militância zelote dos primeiros cristãos de saída já se choca com o fato de que os poucos que creem inevitavelmente se confron-

---

9 Ben-Chorin, *Paulus*.
10 A passagem é tida como a ocorrência mais antiga (c. 115 d.C.) da expressão *christianismós*, que foi formada em analogia à expressão mais antiga *iudaismós*.

tam com uma esmagadora maioria de pessoas, para as quais a crença da nova seita nada significa. Os zelotes se vingam disso, colando nos adeptos de outra crença a etiqueta de descrentes. A persistência destes nas concepções que cultivaram até ali é declarada como um crime espiritual de consequências metafísicas fatais – especialmente quando, após exame minucioso, tomam uma decisão contrária à oferta cristã. Por conseguinte, desde seus primeiros dias, a mensagem salvífica vem rodeada de uma escolta de ameaças que prometem o pior para quem não fica convencido. O evangelho até fala de querer levar bênção para todos os recantos, mas desde a primeira hora o militantismo cristão deseja que a maldição caia do céu sobre os não convertidos. Por um lado, Paulo escreve aos coríntios: "Ainda que eu fale as línguas dos homens e dos anjos, se não tiver amor, serei como o bronze que soa ou como o címbalo que retine" (1 Coríntios 13,1); na Segunda Carta aos Tessalonicenses (1,8-9), cuja autenticidade não é inequívoca, já se manifesta, em contrapartida, a sombra apocalíptica que vai crescendo à medida que aumenta a difusão da mensagem: quando o Senhor retornar do céu em chama de fogo, "então ele tomará vingança contra os que não conhecem a Deus e contra os que não obedecem ao Evangelho de nosso Senhor Jesus. Estes sofrerão penalidade de eterna destruição, banidos da face do Senhor [...]". Assim, já nos escritos do apóstolo dos povos anuncia-se um amor que, caso não seja correspondido, se transforma em maldade com ânsia de extermínio. Na fisionomia dos monoteísmos universalistas agressivos está impressa a determinação dos pregadores de tornar-se formidáveis em nome do Senhor. Possivelmente isso corresponde a uma lei das comunicações religiosas universalistas, de acordo com a qual todo Evangelho inevitavelmente projeta uma sombra disangélica ao longo do percurso de sua proclamação. Desse modo, a não participação em suas verdades de fato se converte em um perigoso indicador de desgraça. A mensagem racha a totalidade do mundo em metades desiguais: Igreja e mundo. Sem a exclusão "deste mundo" da comunhão dos santos, a pretensão da ofensiva cristã à definição da totalidade torna-se impossível. Porém, o que em termos lógicos não passa de um paradoxo, em termos morais significa o terror.

Pode-se, por isso, concordar *cum grano salis* com Alfred N. Whitehead, quando ele chegou à seguinte suma em suas preleções sobre a filosofia da religião (Boston, 1926): "Em termos gerais, o evangelho do amor foi pervertido em evangelho do temor. O mundo cristão se constituiu de povos intimidados".[11] Deve-se acrescentar a pergunta se realmente foi a perversão de uma causa boa desde a base ou se não se tratou de uma ambivalência implantada desde o início. Nesse caso, as motivações dos êxitos missionários cristãos devem ser interpretadas mais criticamente do que é usual nas histórias oficiais das Igrejas. Elas não devem mais ser derivadas exclusivamente dos efeitos contagiantes das proclamações evangélicas, às quais, de início, se juntava de modo inquestionável uma tendência para o desanuviamento do clima moral do mundo. Nesse caso, elas remontam em igual medida a ameaças que escravizavam no íntimo seus receptores. Assim, a missão não seria apenas o voltar-se para fora necessário à difusão da mensagem salvífica; ela seria,

---

11 Whitehead, *Wie entsteht Religion?*, p.58. Essa frase contém um eco da tese de Rousseau (*O contrato social*, livro 4, cap.8): "O cristianismo prega unicamente servidão e dependência. Seu espírito é demasiado favorável à tirania para que esta não se sirva com frequência dele".

ao mesmo tempo, a forma como a própria Igreja contraposta ao "mundo" elaborava sua contradição insolúvel a esse "mundo". A fórmula correspondente deveria ter o seguinte teor: fugir do mundo correndo para a frente – de forma mais branda: serviço ao mundo a partir da posição de ressalva ao mundo.

Em que medida essas suposições um tanto incômodas são justificadas pode ser esclarecido pela alusão à atuação do doutor da Igreja Agostinho de Hipona. Ele pode reclamar o privilégio de ter contribuído mais que qualquer outro crente individual, excetuando Paulo, para confundir e até neurotizar uma civilização inteira. Nesse diagnóstico, de modo nenhum seriam tratadas somente as distorções patológicas de ordem sexual impostas às formas de vida cristãs por um milênio e meio. Ainda mais funestos se mostraram os efeitos da metafísica da predestinação ensinada por Agostinho: em um exame mais minucioso, essa metafísica se revela como o sistema mais abismal de terror de que se tem conhecimento na história das religiões.[12] Dado que a doutrina da predestinação eterna dos descendentes de Adão foi construída sobre um axioma, segundo o qual apenas poucos serão salvos imerecidamente, enquanto a maioria será lançada merecidamente no fogo com a "massa da perdição", o edifício da existência cristã, segundo Agostinho, só poderia ser construído em cima da incerteza martirizante a respeito da destinação salvífica de cada qual. O indivíduo poderia obter um vago indício de sua possível eleição unicamente da circunstância de ter conseguido, com a ajuda de Deus, passar do tremor para o zelo. Por conseguinte, não é

---

12 Flasch (Org.), *Logik des Schreckens. Augustinus von Hippo: De diversis quaestionibus ad Simplicianum I, 2. Die Gnadenlehre von 397*.

por acaso que com Agostinho – após prelúdios nos desertos do Oriente Próximo – começa, também na esfera ocidental do mundo antigo tardio, a fuga dos crentes para as ordens que ofereciam uma versão praticável da absorção total da existência pelo imperativo religioso. Mas mesmo que o agostinismo tenha posto a total sujeição ao Evangelho como condição da salvação e, desse modo, trazido ao mundo uma antecipação compacta do islamismo, nem o zelotismo resoluto nem a rigorosa autorrenúncia são capazes de proporcionar a certeza da salvação ao indivíduo. De modo inverso, já um laivo de indiferença diante da boa-nova poderia ser entendido como indicativo quase certo de predestinação para a condenação.

Quem quiser compreender a operação básica da cristandade agostiniana com clareza analítica descobre-a, primorosamente disfarçada sob o discurso cativante do amor oniabrangente de Deus, na esperta conexão sistemática entre universalismo racional da condenação e elitismo imperscrutável da redenção. Para apreciar de modo mais justo a estranha doutrina do teólogo, será útil ter consciência do modo da participação de todas as grandes religiões em uma economia universal da crueldade. Seu engajamento consiste em reduzir o balanço total do que há de cruel, levando os crentes a tomar sobre si voluntariamente certa medida do mesmo, visando evitar ou reprimir terrores involuntários maiores. Nisso se baseiam os efeitos transformadores das asceses espirituais. Entre os aspectos mais atrativos do primeiro cristianismo figurava o de solapar os parâmetros da cultura da crueldade de cunho romano – muito especialmente por sua resistência contra as embrutecedoras lutas de gladiadores que, durante o período imperial, haviam avançado para uma forma onipresente de cultura de massa decadente (comparável apenas às perversões do esporte de alto desempenho na segunda metade do século XX). Agostinho intensificou essa resistência quando pretendeu alcançar uma suavização dos costumes humanos mediante a ameaça de um máximo de crueldade no além. Nessa operação, ele sucumbiu ao risco de atirar por cima do alvo: com seu absolutismo teológico implacável, o mais bem-sucedido dos Pais da Igreja extrapolou o momento diabólico de Deus, levando-o às raias do terrorismo sacral. Por conseguinte, pode-se dizer que o cristianismo agostiniano tornou-se vítima de um déficit fatal. Pelo fato de o terror metafísico se traduzir irrecusavelmente em terror psíquico e por fim também em terror físico, a impiedosa teoria da graça de Agostinho contribuiu para que o balanço da crueldade, em vez de diminuir, aumentasse para o mundo cristianizado pelo evangelho. Nesse sentido, os críticos do cristianismo acertaram o ponto sensível quando disseram que ele próprio costumava suscitar o mal para o qual depois oferecia a redenção.

Em vista disso tudo, é compreensível que inúmeros cristãos só tenham podido acolher as doutrinas de Agostinho mediante a negação de seus aspectos insuportáveis. A história da fé cristã desde a fase inicial da Idade Média não foi senão uma série de tentativas de cobrir as dimensões sinistras do legado agostiniano com as tintas de uma interpretação mais confiável da pergunta pelas chances humanas de salvação. Era muito difícil que um cristão tivesse o necessário sangue-frio para obter clareza a respeito da razão pela qual, na era dominada pela teologia de Agostinho, o céu necessariamente permanecia quase vazio – ao menos no que se refere aos seus coabitantes humanos. Foi a era dos descobrimentos que, pela primeira vez, propôs aos crentes a missão de explorar o continente quase intocado da magnanimidade divina. A partir dessa época, procurou-se apresentar o além da proximidade divina como uma região densamente povoada – Dante deve ter sido um dos primeiros que, em sua viagem ao céu, não encontrou apenas uma cidade fantasma. O estado atual da busca por um Deus generoso é expresso pela conhecida sentença do papa da Polônia: *"Speriamo che l'inferno sia vuoto"* [Esperemos que o inferno esteja vazio]. Na antítese entre Agostinho e João Paulo II está condensado todo o drama da teologia cristã: ela caracteriza o longo caminho que vai do segredo terrorista bem guardado da fé, segundo o qual Deus ficou praticamente sozinho no céu, até a hipótese de matiz civil-religioso, segundo a qual no futuro o inferno – em cuja existência somos instados a continuar acreditando por causa do fato da "longinquidade de Deus" – talvez esteja vazio.

Não se decidirá aqui se a culpa pelos obscurecimentos agostinianos deve ser buscada exclusivamente em seu autor. Ele foi, à sua maneira, o *medium* de uma época ruim que propôs à sua genialidade tarefas sobre-humanas. Não é de se admirar que daí tenham resultado soluções inumanas. É de lastimar apenas que o século V não tenha produzido um autor com suficiente visão de conjunto para formular esta tese: quem não viveu antes de Agostinho nada sabe da doçura da vida. *Douceur de vivre* [Doçura de viver] é, contudo, uma concepção que só voltaria a fazer sentido depois de alcançadas as margens salvadoras das épocas pós-agostinianas e, em certo sentido, até pós-cristãs (no sentido de pós-clericocráticas). Seriam os anos em que os papas se sentiram forçados a dizer que cristianismo não deveria evocar, em primeira linha, imposição e renúncia, mas um modo de vida positivo.

Examinada em seu conjunto, a campanha do cristianismo visando à conquista do "globo terrestre" deve seu êxito a uma condução episcopal que, em um processo de aprendizado que se estendeu por séculos, procurou o equilíbrio entre extremismo escatológico e populismo mágico. Durante seu primeiro ciclo de expansão, o segredo do êxito das missões cristãs residiu acima de tudo na aliança com os detentores do poder político e a uma estratégia voltada para a conversão de príncipes – a virada constantiniana provê o modelo brilhante e questionável disso. Quem quer que estivesse interessado na difusão do cristianismo na era monárquica tinha de partir do axioma de que só ganha o povo que tem o príncipe ao seu lado.

No que se refere às famigeradas cruzadas ou então à guerra santa, devem ser colocadas em segundo lugar depois do modo de expansão proselitista ou missionário, caso se queira atribuir a elas algum significado ofensivo. A cruzada como protótipo das guerras de inspiração cristã de fato liberou uma enorme quantidade de recursos, e críticos internos e externos gostam de apresentá-la como suprassumo de uma agressividade inerente a essa religião. Contudo, já uma primeira visualização dos contextos históricos mostra que, na perspectiva dos cruzados, os (na contagem convencional) sete grandes empreendimentos desse tipo entre 1096 e 1270 constituíram preponderantemente medidas de contenção da ofensiva islâmica – e seu fracasso sublinha a relativa exatidão desse juízo. Seu objetivo era ocupar o que, na compreensão cristã, era o centro do mundo, a cidade de Jerusalém, ou protegê-la de uma ocupação supostamente imprópria, mas não visavam à ideia de franquear o orbe inteiro para o cristianismo pela força. A tese que ocasionalmente se escuta, de que as expedições a Jerusalém teriam provocado a morte de mais de 20 milhões de pessoas, resulta de excesso de zelo.

A melhor apreciação das "peregrinações armadas" à Terra Santa deve ser a que procede de Hegel, que quis ver nelas uma experiência irrenunciável para o *curriculum* do espírito. Para a dialética, experiência é equivalente a decepção produtiva, na medida em que converte a consciência e a persuade da falsidade de seus anteprojetos ainda imperfeitamente abstratos. Quando os cruzados quiseram obter o sagrado e o sutil à força, valendo-se de meios profanos e grosseiros, suas lutas, diz Hegel, "interligaram coisas antagônicas sem conciliá-las".[13] Assim, o fracasso residiu na natureza do empreendimento. O único proveito duradouro que se tirou delas foi o reconhecimento de como foi equivocada a tentativa de querer buscar o mais elevado na forma da exterioridade — percebe-se aqui, de um lado, a crítica de um protestante esclarecido ao entusiasmo fetichista do populismo católico e, de outro, a declaração de guerra do filósofo especulativo à mecânica da "religião positiva". Por essa razão, está correto que, a partir da Era Moderna, se atribui ao modelo de ação "cruzada" um significado apenas metafórico. O general Eisenhower pôde publicar suas memórias da Segunda Guerra Mundial em 1948 sob o título *Cruzada na Europa*, totalmente convencional para ouvidos anglófonos, sem que alguém fosse levado a pensar em um propósito cristão.

Em contrapartida, durante os séculos mais antigos não faltaram empreendimentos de cristianização forçada, nos quais se estabeleceu uma conexão sólida entre guerra ofensiva e missão, como, por exemplo, nas guerras de Carlos Magno contra os

---

13 Hegel, *Vorlesungen über die Ästhetik*, p.210. (N. T.)

saxões ou na conquista da Prússia e do Báltico pela Ordem de Cavalaria alemã. Onde o cristianismo exerce a função de religião imperial e culto oficial, as uniformizações forçadas da Igreja estavam na ordem do dia. Além disso, a língua latina, o tomismo e o direito canônico fizeram sua parte para impor mundialmente os padrões católico-romanos em uma uniformidade grandiosa e compulsória.

As campanhas expansionistas mais potentes do cristianismo se deram na época pós-medieval. Não há como separar o que hoje se denomina globalização, ou melhor, seu estágio terrestre,[14] da trajetória paradoxal do cristianismo rumo ao campo aberto da modernidade. A partir do século XVI, Roma lançou com a instituição das ordens missionárias uma segunda onda apostólica, graças à qual foi posta em marcha a universalização operacional da religião sob clave cristã. Na prática, a missão mundial, na maioria das vezes, atuou como parceira e parasita do colonialismo, apenas em casos mais raros como sua voz crítica e seu contendor.[15] De modo irônico, as missões mundiais católico-romanas, às quais se associaram tardiamente, mas com sucesso, os empreendimentos protestantes, atingiram o ponto alto de sua atuação a partir do século XVIII, o mesmo século que marca o início da descristianização da Europa – dito de modo mais cauteloso: o início da diferenciação da religião em um sistema parcial de direito próprio. E enquanto no Velho Mundo o século XIX era marcado pela ofensiva dos movimentos anticristãos, que, após sua ascensão à hegemonia cultural, desprezaram o cristianismo como uma

---

14 Sloterdijk, *Im Weltinnenraum des Kapitals*.
15 Gründer, *Welteroberung und Christentum*.

formação superada, é preciso considerar, na perspectiva da história das missões, a mesma época como a era áurea da cristianização externa. Foi nessa época que a cobertura de todo o orbe terrestre pelas missões cristãs e a edificação de comunidades eclesiais autossustentáveis nos recantos mais longínquos se tornaram realidade pela primeira vez.[16] Desde então, o cristianismo assumiu numericamente a liderança entre as religiões da Terra, sobretudo em razão da inclusão do populoso continente sul-americano nos domínios católico-romanos longínquos.

A segunda ironia da descristianização evidencia-se na circunstância de que a nova potência cultural na Europa, o Iluminismo, assemelhou-se, quanto ao seu *design* ideológico ou propagandístico, a uma continuação do cristianismo com meios racionalistas e filosófico-históricos. Defendeu-se de modo plausível a tese de que a peça moral central do Iluminismo, a doutrina dos direitos humanos, só pode mesmo ser explicada como versão secularizada da antropologia cristã. (Falarei mais adiante da formação de uma quarta onda que inundou a "sociedade" moderna como monoteísmo do "humano".) Não é para menos que agora representantes do protestantismo e do catolicismo brigam pelas cotas de participação nos direitos humanos. As continuidades assumem os contornos mais impressionantes quando visualizamos a aceitação de modelos monoteístas de cunho cristão pelos zelotes da modernidade secular. Isso vale sobretudo para o fanatismo eclesial-humanista dos jacobinos. Mas também o militantismo dos revolucionários profissionais leninistas e até o furor dos integrantes da Guarda Vermelha na China de Mao Tsé-tung

---

16 Benz, *Beschreibung des Christentums*, p.29 e 302.

contêm elementos de continuidade do universalismo cristão com meios não cristãos. Eles só podem ser bem compreendidos como recunhagens asselvajadas do *modus vivendi* apostólico. Por mais inconcebível que possa soar: os estudantes chineses que, na grande revolução cultural ocorrida a partir de 1966, humilharam, espancaram e assassinaram seus professores, também acreditavam agir como embaixadores do bem e emissários do universal. Se não fosse assim, uma parte da inteligência da Europa Ocidental das décadas de 1960 e 1970 não teria sido dominada por uma psicose coletiva maoísta – que ainda é um dos capítulos mais obscuros da história mais recente das ideias. Os integrantes desses círculos escutaram nos excessos chineses a melodia que identifica o igualitarismo desenfreado, que fora entoada na Europa pela primeira vez durante o terror jacobino e que, desde então, é cantada mundo afora com os mais diferentes textos. Diante desses fenômenos, é com apreensão que se traz à memória a tese bastante ingênua de Leo Baeck, segundo a qual o futuro seria essencialmente o futuro do bem, para o qual todos os dias querem conduzir.[17]

Do estudo dos desvarios chineses – que de fato foram mais que incidentes lamentáveis, como gostam de sugerir ex-maoístas desmemoriados na França e em outros lugares – pode-se extrair algumas noções a respeito da constituição arriscada do militantismo universalista. Por exemplo, a noção da rapidez com que o universalismo descontrolado desemboca em um fascismo do bem. Ele permanece descontrolado quando não dispõe de um órgão crítico que contenha o ímpeto que os

---

17 Baeck, op. cit., p.266. Cf. também: "A verdadeira história do mundo é a história do bem" (Ibid., p.261).

zelotes têm de absolutizar seus fins. Nessa atitude, o ativista não é capaz nem está disposto a aceitar a noção em que se baseia toda moral política esclarecida: não é o fim que justifica os meios, são os meios que dizem a verdade sobre os fins. As piores formas do terror são reconhecidamente aquelas que invocam as intenções mais sublimes. Dos que sucumbiram ao lado demoníaco do bem, não foram poucos os que de fato imaginaram que às vezes o crime é a forma mais elevada do culto a Deus ou do cumprimento do dever em prol da humanidade. A objeção mais eficaz a tais encantamentos provém do núcleo espiritual da religião cristã: o dogma jesuânico "por seus frutos os conhecereis" (Mateus 7,16) e a divisa criptocristológica de Marshall McLuhan "o meio é a mensagem" querem dizer a mesma coisa sob o aspecto da atenção devida aos meios.

Em uma visão sinótica, registre-se que as campanhas do cristianismo, especialmente depois dos pesados reveses da era iluminista, ao que parece, só podem continuar em um tom mais moderado. Após seus êxitos expansionistas mundiais, em razão dos quais cerca de um terço de todos os seres humanos do planeta vivem em sua esfera de influência, sem que todos eles sejam cristãos conscientes e ativos, praticamente não se pode esperar mais nenhuma expansão – a não ser na Ásia Oriental, pois sobretudo na China abre-se um novo mercado religioso, na esteira da intensa dinâmica reformista de cunho secular e de suas carências espirituais. Desse modo, pode-se resumir a posição final provisória da campanha cristã na constatação de que essa religião alia hoje um *maximum* relativo de disseminação com um *minimum* relativo de intensidade. Sua condição prova que o *overstretching* [a extrapolação] não pode ser apenas imperial, mas tem de ser, ao mesmo tempo, espiritual.

Com o êxito, cresce a entropia. Sob o efeito desta, os potenciais universalistas da fé são consolidados pelas grandes organizações eclesiais e concomitantemente aposentados. Fenômenos entrópicos também são responsáveis, de maneira inconfundível, pela transformação da fé nos Estados Unidos, onde, de acordo com a observação perspicaz de Harold Bloom, processou-se no decurso do último meio século a mutação do cristianismo protestante em uma "religião norte-americana" pós-cristã com características marcadamente gnósticas, individualistas e maquiavélicas.[18] De acordo com ele, a fé no Pai desapareceu quase por completo, enquanto o reino narcisista do Filho não admite mais nenhuma resistência. Se houvesse uma trindade norte-americana, ela seria composta por Jesus, Maquiavel e o espírito do dinheiro. O credo pós-moderno foi formulado de modo exemplar pelo ator negro Forester Whitaker, quando concluiu sua fala de agradecimento por ter recebido o Oscar de melhor ator em 2007 com a seguinte frase: "E agradeço a Deus por sempre ter acreditado em mim".

No século XX, o universalismo intencional do cristianismo, em contraposição, necessariamente se quebrou no choque com as necessidades pragmáticas da convivência com os outros – e no enfraquecimento benéfico das Igrejas mediante o desenvolvimento de modos de vida seculares seguros de si. As confissões cristãs frequentaram a escola do pluralismo e se transformaram em fatores computáveis do ecúmeno mundial. Visto sob essa ótica, o cristianismo, ao menos quanto ao seu amplo campo majoritário, ingressou no período "pós-imperial", e isto, pelo que se consegue saber, de modo irreversível.

---

18 Bloom, *The American Religion*, p.184.

Uma das exceções são as seitas radicais, principalmente as da ala evangélica, que recorrem ao "fundamentalismo como meio da reuniversalização".[19] Pode-se tirar proveito delas, na condição de esclarecedoras contra sua vontade, ouvindo-as como informantes acerca do universalismo dos visionários. Este não é o lugar para discutir nem decidir se de seu exemplo se pode deduzir a natureza histérica de todo universalismo militante.

Por fim, quero dedicar-me à seguinte questão: se também o islamismo está conjurado em alguma campanha especificamente dele. A resposta afirmativa se impõe, mas sua exposição mais exata se confronta com dificuldades por razões fundamentais e históricas. As complicações históricas resultam do fato de que o mundo islâmico, cujos destinos de início eram idênticos aos da esfera árabe, após um período inicial de difusão avassaladora e grande florescimento imperial recaiu em uma longa fase de estagnação e involução, cujo possível término apenas se anuncia na explosão demográfica e na dinâmica reformadora fundamentalista do século XX. No que diz respeito às dificuldades de natureza fundamental, elas estão associadas, antes de tudo, à interpretação controvertida do conceito *jihad*, cuja recente apropriação por seitas terroristas islâmicas radicais gerou polêmicas e exposições contrárias.

O primeiro indício da dinâmica ofensiva inerente à proclamação islâmica obtém-se por meio da observação de que as

---

19 Cf. Roy, *Der islamische Weg nach Westen*, p.327: "Fundamentalismo é um meio da reuniversalização de uma religião, seja ela o islamismo ou o cristianismo, que acabaram sendo muito fortemente identificados com uma determinada cultura".

suratas mais antigas, originadas das revelações do ano de 610 e do período subsequente (como a famosa surata 81 *At-Taquir – O enrolamento*, revelada em Meca), estão preponderantemente afinadas nas tonalidades da exacerbação apocalíptica, da decisão escatológica e da ameaça com os terrores do Juízo Final.[20] A tendência das outras suratas mais antigas é a de um afastamento incondicional dos costumes religiosos tradicionais em Meca e em outros lugares: "Dize: Ó incrédulos! Não adoro o que adorais, nem vós adorais o que adoro" (surata 109,1-2). É igualmente evidente que o estado inicial da comuna islâmica como pequena comunhão de conjurados não representou um ideal, mas deveria ser superada tão rapidamente quanto possível. Ademais, a primeira *umma* de Medina, que se congregou em torno do profeta, era tudo menos um idílio contemplativo. Sua crônica narra numerosos confrontos bélicos, começando com a ominosa escaramuça junto ao poço de Badr. Ela trata dos controvertidos assaltos a caravanas cometidos pelo profeta, das alianças estratégicas variantes, de um ataque, escandaloso para os árabes, ao bosque de palmeiras de um partido adversário e de um incidental assassinato em massa de uma minoria judaica. No entanto, o que quer que se introduza nesses episódios em termos de significados religiosos, eles já contêm indicativos conclusivos do que viria. O imperativo do crescimento era tão inerente a essa fundação religiosa quanto era para a missão paulina aos povos, com a diferença de que, nela, a dinâmica militar e política formou *a priori* uma unidade indissolúvel com a dinâmica religiosa. Maomé tomou como ponto de partida a radicalização do judaísmo pós-babilônico que culminou na

---

20 Schimmel, *Die Religion des Islam*, p.14 ss.

postura zelote de Paulo e aprimorou esses modelos em um militantismo integral. Ele conseguiu isso tornando obrigatória para todos os membros de sua comuna – como um Agostinho árabe – o modo de vida apostólico, o consumir-se no ato e na mensagem da proclamação. Desse modo, o *maximum* da existência religiosa, ou seja, a entrega total aos preceitos de Deus, foi declarado como o que medianamente se deve esperar de cada qual e até, em termos taxativos, como o *minimum* a ser humanamente realizado em prol do Todo-Poderoso. É por isso que *islām*, que literalmente significa submissão, é concomitantemente o nome da religião.

A obrigatoriedade desse conceito norteador para todos os islamitas permite intuir as consequências: ele transpõe a atitude zelosa do profeta normativamente para o modo de vida de seus adeptos – e, de modo inverso, também para os destinos dos descrentes. O papel constitutivo do fator militante é reforçado pelo fato de que, entre os escritos canônicos sobre o profeta, há um grupo próprio, a chamada literatura *maghāzī*, que trata apenas das campanhas militares de Maomé. Nesses escritos, é normativamente sublimado um militantismo sacral. O ponto alto final encontra sua expressão mais palpável na oração obrigatória, a ser feita cinco vezes ao dia (*salāt*) e cada vez com suas dezessete inclinações e duas prostrações – razão pela qual todo islamita praticante realiza diariamente 85 inclinações e 10 prostrações diante de Alá, ou seja, 29.090 inclinações e 3.540 prostrações por ano lunar, com as recitações correspondentes. Isso equivale a um desempenho em termos de exercícios que, no cristianismo, só foi exigido dos membros de ordens monásticas na oração das horas a ser realizada sete vezes ao dia. Coerentemente, a palavra árabe *masdschid*, mesquita, significa "lugar de prostrar-se". Seria leviano subestimar o efeito formador de atos rituais frequentes. O próprio profeta o diz: *ad-dinu mu'amala* = religião é comportamento. Por isso, têm razão aqueles eruditos islâmicos que chegam ao ponto de afirmar que a oração ritual seria uma forma do *jihad*.[21] Mesmo que soe entusiástico, isso descreve uma realidade psicossemanticamente evidente. Portanto, o que acontece nas casas de Deus islâmicas, nesses ginásios de meditação, não está a serviço somente da manifestação da fé. A relação com a transcendência celebrada todo dia no plano físico e psíquico é igualmente eficaz para manter-se em forma para projetos de combatividade sagrada. Do ponto de vista ético e pragmático, o islamismo logrou, mediante o dever da oração ritual válida para todos os islamitas, a integração completa do zelotismo na cotidianidade. O dever dos deveres chama-se *fitness* memoativo: ele se equipara ao próprio espírito da lei.

Em virtude do grau de conhecimento que de modo geral se tem do tema, posso renunciar aqui ao relato circunstanciado da admirável história da expansão islâmica até a constituição dos diversos califados sob a liderança dos omíadas, dos abássidas, dos fatímidas, dos otomanos etc. A difusão explosiva do islamismo no século e meio após a morte do profeta figura inquestionavelmente entre as maravilhas político-militares do mundo, superada apenas pela expansão extensiva e intensivamente ainda mais significativa do *empire* britânico entre o século XVII e o século XIX. Em momento algum pode ser posto em dúvida que essa conquista do mundo, que foi rápida, ainda

---

21 Nasr, The Spiritual Significance of Jihad. In: _____, *Traditional Islam in the Modern World*.

que regionalmente restrita, nutriu-se das intenções autênticas do islamismo e de sua Escritura sagrada. O que foi chamado de "empreendimento do islamismo"[22] está fundado em uma ética vigorosa da expansão. Em nenhuma época, esta foi tão bem-sucedida quanto na dos primeiros califas. Deles se derivam todas as aplicações práticas dos sonhos de um império mundial específicos do islamismo.[23] A observação, que se lê com frequência, de que as conquistas árabes teriam sido de natureza puramente política e só raras vezes teriam ocorrido conversões forçadas dos conquistados, e em nenhum caso dos adeptos das religiões do Livro – porque o islamismo rejeitaria a coação em questões de religião –, é uma afirmação apologética bem-intencionada, cujo caroço verdadeiro está envolto por uma espessa casca de fatos que o contradizem. Se não fosse assim, não haveria explicação para o fato de que, depois da Península Arábica, também foram incorporados ao âmbito da fé islâmica, causando sequelas permanentes ou pelo menos de longo prazo, países como a Síria, a Palestina, a Mesopotâmia, o Egito, a Líbia, o Marrocos e a Espanha, bem como extensas regiões da Anatólia, do Irã, do Cáucaso e do Norte da Índia. Aqui se aplica a tese de Rousseau de que, em tempos mais antigos, não "havia outra maneira de converter um povo senão submetendo-o, nem havia outros missionários além dos conquistadores".[24] É claro que em todos os territórios conquistados houve adesões à fé islâmica por simpatia e convicção, mas dificilmente se poderá negar que a conversão da maioria dos crentes novos começou

---

22 Hodgson, *The Venture of Islam*.
23 Karsh, *Imperialismus in Namen Allahs*.
24 Rousseau, *Vom Gesellschaftsvertrag*, p.176.

com um convite armado à oração. As gerações posteriores já encontraram o islamismo como religião dominante e o vivenciaram como um fato da cultura, da qual se apropriam por meio do despotismo suave da educação. O que começa com a convenção piedosa completa-se por meio da interiorização do estigma memoativo.

A despeito de numerosos reveses regionais e secessões com características de guerra civil, a campanha do islamismo pode ser narrada até o século XV da contagem cristã do tempo (até o século IX do calendário islâmico) como uma história contínua de êxitos. Até ali a supremacia da civilização arábica e islâmica na maioria dos territórios era inquestionável, a começar pelo poderio militar superior. Na época em que atingiu o auge de seu florescimento, o islamismo representou ao mesmo tempo a potência econômica mais significativa do mundo, caracterizando-se pelas conexões intercontinentais. A diversificação de seus bazares era lendária, o leque de ofertas em seus mercados de escravos não tinha igual. Ademais, até a virada para o século XIII, os cientistas e artistas islâmicos encarnavam o nível máximo no mundo de então. O poder de assimilação do saber e das habilidades de outras regiões do mundo pela cultura islâmica parecia não ter limites – até que a reação bigotista do século XIII (sem esquecer os efeitos devastadores do ataque mongol de 1258) apagou o resplendor dessa alta cultura.[25] Não obstante, passaram-se séculos antes que os herdeiros do

---

25 Um símbolo posterior do bigotismo triunfante é a destruição, pela artilharia naval do sultão no ano de 1580, do *observatorium* de Istambul, que fora construído em 1577 por sugestão do matemático e astrônomo Taküyiddin Efendi.

florescimento islâmico notassem a estagnação. Quando, no ano de 1453, Constantinopla foi conquistada pelas tropas otomanas, predominava em toda parte a convicção de que a Europa cristã estava madura para a submissão.

Em sua euforia aparentemente bem fundamentada, escapara à maioria dos integrantes do âmbito cultural islâmico o fato de que estavam na iminência de ser superados pelos "miseráveis infiéis" do Noroeste – a partir do século XIII, nos campos da teologia, da filosofia e das ciências seculares, a partir dos séculos XIV e XV no das artes plásticas, a partir dos séculos XV e XVI também economicamente, pelo que foram responsáveis sobretudo a navegação marítima europeia superior e a transição para a moderna economia de propriedade, aliás, para o capitalismo com sua dinâmica de inovação permanente. As realizações do inimigo distante podiam pretensamente ser ignoradas sem que disso adviessem consequências enquanto se estava sob a proteção de revelações atemporais e governos altaneiros. O que eles não podiam nem queriam compreender é que haviam trancafiado a si mesmos na prisão das tradições. No século XVIII, por fim, a supremacia militar dos europeus foi colocada à prova de maneira chocante – o trauma da expedição de Napoleão ao Egito no ano de 1798 continua agudo mais de duzentos anos depois. A partir do momento em que não havia mais como ignorar a ascensão da Europa à dominação global, a orgulhosa narrativa a respeito da campanha do islamismo se converteu em uma história sem fim de ressentimentos. A decepção dos que ficaram para trás se avolumou a partir do século XVIII convertendo-se em amargura, e o expansionismo europeu altissonante do século XIX não foi exatamente apropriado para atenuar esse sentimento. Desde então, a cultura dos países islâmicos, marcada em alto grau pela emotividade, está coberta pelo véu da ira, tecido pelos sentimentos contraditórios do anseio por resplendor e primazia, bem como pela preterição cronicamente vivenciada. A partir desse tempo, o orgulho que se sente do passado é acompanhado por uma vergonha praticamente indissimulável diante das condições presentes.

Sintomaticamente, as efervescências de um novo zelotismo no islamismo remontam ao século XVIII, quando não podia mais ficar em segredo nem para os islamitas mais introvertidos a prostração tanto de sua cultura quanto de sua religião. Característico da reação espiritual dessa era foi o vaabismo, que buscou a salvação mediante o retorno a uma compreensão literal do Alcorão, e o salafismo do século XIX, que pode ser melhor compreendido como um romantismo ascético, cujos adeptos sonhavam com a *umma* antiga e com os anciãos de Medina. Assim, já em meados do século XVIII pairava no ar a tentação de acabar com a miséria do islamismo na era das confrontações com o Ocidente superior mediante a radicalização zelote e a concentração restauradora. Professando mais que nunca a condução correta exclusivamente por Alá, escolheu-se a via do não aprendizado resoluto com o adversário – e, desse modo, a via do não dar ouvidos às vozes do presente. Decerto se pensava que quem se curva diante da autoridade de Deus pode enfrentar o restante do mundo em uma atitude antiautoritária. O arabocentrismo dessas reações completou o que faltava para enfraquecer o mundo islâmico, dado que ele favoreceu a tendência a ignorar a diversidade interior do universo islâmico, sobretudo as riquezas espirituais e culturais dos epicentros xiita-pérsico e otomano-turco. As consequências dessa escolha se mostraram fatais para o hemisfério islâmico como um todo, visto que consolidaram a tendência para o endurecimento obstinado contra as exigências de uma era das aberturas. Em uma frente ampla, tornou-se usual encarar-se como vítima de potências estrangeiras, e onde vítimas se juntam com afins os culpados logo ganham nome. Bernard Lewis descreveu os efeitos prejudiciais dessas reações. Somente com grande atraso e com formas hesitantes desenvolve-se hoje no Oriente Próximo a disposição para o autoexame:

> A pergunta "Quem fez isso conosco?" só favoreceu fantasias neuróticas e teorias da conspiração. A outra pergunta, "O que fizemos de errado?", logicamente levou a uma segunda pergunta: "Como poderemos consertar isso?". Nessa última pergunta e nas diferentes respostas que serão encontradas para ela reside a maior esperança para o futuro.[26]

É possível, portanto, estabelecer em contornos mais ou menos claros as qualidades da campanha próprias do *venture of islam* [empreendimento do islamismo]. Mas elas também convidam para uma avaliação no plano fundamental, na medida em que se encontram em estreita correspondência com a religião vivida em termos de ortodoxia e de ortopraxia. Aqui já se divisa a entrementes famigerada concepção do *jihad*, aquele "esforço no caminho de Deus", mediante o qual o islamismo desejou formar seus crentes, tendencialmente sem exceção, como zelotes pelo reino de Deus. Com ele o militantismo é

---

[26] Lewis, *Der Untergang des Morgenlandes*, p.230-1; semelhante na p.37. Lewis deriva a via turca para a modernidade das respostas construtivas que Atatürk deu para a segunda pergunta.

incutido já nos primeiros impulsos da vida islâmica, e, mesmo que não figure de forma oficial entre os cinco "pilares", isso acontece porque ele deve ser implicitamente pensado com cada um dos demais pilares. Por conseguinte, o islamismo não encarna só a forma final mais bem definida do universalismo religioso agressivo (que só teve concorrência temporária da parte do comunismo), mas ele também é, por sua concepção, uma religião do acampamento militar por excelência. O movimento permanente lhe é inerente – e toda paralisação está sob a suspeita de ser o começo da decadência da fé. Nesse ponto, Maomé foi um sucessor fiel ao modelo de Paulo, com a diferença significativa de que este último, na condição de pessoa civil e cidadão romano, deu preferência ao zelo não violento. Ao zelotismo islâmico adere desde o começo uma certa piedade da espada, apoiada por uma mística do martírio ricamente adornada. Seria exagero caracterizar os agressivos *mujahedins* da época dos califas como revolucionários profissionais de Deus, mas no que se refere à disposição de usar a violência visando a um fim bom é possível estabelecer afinidades a grandes distâncias. O autor egípcio contemporâneo Said Ayyub postula o dever imposto aos islamitas por Deus de derramar seu sangue na guerra santa contra o Satã anti-islamita: "Esse é nosso destino, do dia da batalha de Badr (no ano de 624) até o dia do anticristo".[27]

A interiorização do *jihad*, que foi ensinada a partir do século XII por estímulo do místico sufita Al-Ghazali, pode até ter produzido belas florescências para a retaguarda islâmica em tempos de paz. Todavia, o fato de que se pôde chamar a luta interior de grande *jihad* e a exterior de pequeno *jihad* só

---

27 Apud Cook, *Contemporary Muslim Apocalyptic Literature*, p.210.

prova isto: nem o islamismo, de resto mais conhecido pela sobriedade, era imune ao entusiasmo. A popularização do *jihad* nos conflitos da atualidade acarreta a dessublimação da concepção e, desse modo, o retorno ao seu primeiro significado, a despeito de todas as objeções feitas pelos intérpretes mais espirituais. A ideia da luta contra o ego inferior deu vida a um militantismo espiritualizado sem inimigo exterior, que foi observado nessa forma também na conversão da arte da guerra do extremo Oriente em disciplinas de combate espiritualizadas. O *jihad* sutil requeria ser travado como campanha contra o resquício pagão no próprio interior da pessoa – sendo que o crente descobre dentro de si mesmo oásis rebeldes e províncias anárquicas, aos quais ainda não chegou o domínio da lei. Com o retorno do inimigo real, mesmo que seja só no plano dos mal-entendidos e das projeções, extinguem-se os sentidos figurados. Seu lugar é novamente ocupado por atos de guerra concretos contra antagonistas físicos nas proximidades e em lugares distantes. Os agitadores modernos dizem sem rodeios: o crente não pode dormir enquanto viver em um sistema político não islâmico; sua vida só tem sentido se estiver consagrada à eliminação da supremacia estrangeira.[28] Quem cair nessa luta tem seu lugar assegurado no paraíso; em contrapartida, os descrentes que perderem a vida na luta injusta contra os islamitas vão sem escalas para o inferno. Embora não lhes caiba nenhuma autoridade culta, os ativistas das organizações guerreiras de hoje sabem como se reportar às suratas adequadas. Suas ações podem até ser sórdidas, mas suas citações são impecáveis.

---

28 Maududi, *Als Muslim leben*, p.268 ss.

O zelo de deus

Todos os comentários sobre o neoexpansionismo islâmico no final do século XX e início do século XXI permaneceriam especulações vãs se não viessem ao encontro do islamismo, como religião e modelo cultural, dois desenvolvimentos mais recentes que, em um curto espaço de tempo, voltaram a dar-lhe um papel digno de atenção no plano político. A primeira dessas mudanças é de natureza técnico-econômica; a segunda, de natureza biopolítica. Em primeiro lugar, os Estados governados pelo islamismo, ou melhor, os estratos superiores de países como a Arábia Saudita, o Irã e o Iraque, a alguma distância também a Líbia e o Egito, lucraram tanto econômica quanto politicamente com o fato de que, em seu subsolo, foram encontradas ou então são supostas até 60% das reservas globais de petróleo. Na era das energias fósseis, essa circunstância forneceu aos países extratores de petróleo do Oriente Próximo, apesar da conhecida ineficiência de seus órgãos estatais, do caráter retrógrado muitas vezes deplorado de suas estruturas sociais e da insegurança de seus sistemas legais, os meios para viverem muito acima de suas condições. A segunda tendência reforça essa conjuntura suspeita. No intervalo de tempo entre 1900 e 2000, a população do hemisfério islâmico octuplicou, passando de 150 milhões para 1,2 bilhão de pessoas – uma dinâmica de multiplicação sem precedentes também quando se recorre a uma base de comparação histórica mais ampla. Uma parte dessa explosão remonta a condições que promovem uma reprodução da miséria, outra parte é condicionada em termos culturais e religiosos, porque para islamitas conservadores a prole numerosa ainda representa um grande valor; outra parte deve ser deduzida de uma política mais ou menos consciente de reprodução da luta, dado que nos países islâmicos há tempos não faltam ideólogos que têm orgulho de portar a "bandeira da reprodução". São esses os fatores que marcam as circunstâncias que permitiram colocar na ordem do dia a retomada de programas agressivamente universalistas por parte de facções do islamismo militante. Todavia, o fato de que círculos de militantes com frequência fabulam a respeito da reedificação do califado mundial também mostra que não são poucos os radicalizados que vivem em mundos paralelos que ficaram para trás. Neles, o surrealismo inerente a todas as religiões evolui para o sonho de olhos abertos. Eles tramam uma agenda puramente imaginária, que não se coaduna mais com nenhum tipo de história real. O único laço entre seus construtos e o resto do mundo é propiciado pelo atentado que provoca o maior número possível de mortos, que, por sua forma cênica, representa uma *razzia* do mundo dos sonhos para dentro do mundo real.

Em resumo, não há como emitir um juízo seguro sobre a campanha do islamismo em seu 15º século. As chances de uma expansão ainda maior de sua missão externa devem ser avaliadas com cautela – pode ser que a atual debilidade europeia dite certos cenários amedrontadores. Seus êxitos se limitam atualmente, pelo que se pode ver, a camadas menos privilegiadas das sociedades europeias e africanas – e, caso digam respeito a pessoas cultas, aos descendentes de imigrantes oriundos dos países islâmicos que, após uma fase de estranhamento, retornam à sua religião de origem. Seu motor principal reside na radicalização crescente de seus próprios excedentes transbordantes de homens jovens.[29] A atração que o islamismo exerce sobre as elites da Ásia, da América e da Europa deve ser classi-

---

29 Heinsohn, *Söhne und Weltmacht*.

ficada como fraca. A estatística mostra que as conversões para o islamismo aumentam em períodos de crítica mais intensa a essa religião – o que permite inferir a psicodinâmica da identificação com uma causa em apuros. A longo prazo, a fraqueza organizacional e a fragmentação dos Estados e das agremiações islâmicas leva a duvidar de êxitos expansionistas de ordem política. Onde houve tais resultados, ninguém sabia como tirar proveito deles no sentido de um planejamento centralizado. Se até o final do século XXI o islamismo se igualar às confissões cristãs quanto ao número de crentes, o que estatísticos e estrategistas não consideram impossível, as razões para isso deverão ser procuradas quase exclusivamente em seu crescimento populacional doméstico e só uma parcela diminuta em sua irradiação espiritual. No que se refere à autoridade espiritual das duas tribos principais do islamismo, ela se desgastará de modo crescente pela implosão das hierarquias e pela dissolução da ordem tradicional do saber.[30] Além disso, ela já sofreu um dano tão grande pela associação quase automatizada entre islamismo e terror na consciência mundial que não se consegue reconhecer como o islamismo em sua totalidade, como religião e como *matrix* de culturas, poderia se recuperar disso em um prazo previsível. De qualquer maneira, a "casa do islamismo" está diante de crises de modernização de impetuosidade atemorizante. Ela própria se transformou na "casa da guerra", a respeito da qual entre os islamitas tradicionalmente se queria crer que caracteriza as dimensões extraislâmicas do mundo.[31] A observação das convulsões crônicas das "sociedades" islâmicas

---

30 Roy, op. cit., p.167-73.
31 Kepel, *Fitna*.

poderia ocasionalmente trazer à memória de europeus cultos, lá pelo ano de 2050, as lutas da era da Reforma – mais ainda, contudo, a fase de renitência antimoderna do catolicismo, que durou de 1789 até o Vaticano II e que para proveito de todos os envolvidos terminou, como ainda nos recordamos admirados, na reconciliação entre teocentrismo e democracia.

5
A matrix

O que até agora foi dito sobre as formações de combate, as frentes de batalha e as campanhas dos monoteísmos pede para ser enquadrado em uma visão de conjunto dos padrões lógicos da fé em um só Deus e dos planos de construção para universalismos zelosos. Seria um erro supor que o zelo monoteísta é uma questão determinada em primeira linha por legalidades emocionais e, em razão disso, exigiria basicamente uma análise psicológica. Naturalmente os aspectos dinâmico-afetivos do zelotismo estão franqueados a uma exploração pelas sondas psicossemânticas. Seria leviano não procurar saber dos conhecimentos acumulados no decorrer dos séculos XIX e XX pela psicologia profunda a respeito de fenômenos neurótico-religiosos e clericopáticos – para mencionar aqui somente a já bem estudada síndrome do auxiliar de Deus e o masoquismo espiritual. De resto, a psicanálise se especializou em desvelar os paralelismos entre as imagens que os indivíduos têm de Deus e as *imagines* de seus pais. Ademais, autores como Kierkegaard, Dostoiévski, Nietzsche, Heidegger e outros mostraram que muitas vezes aquilo que é apresentado como fé não passa de uma espécie de histeria – uma dissimulação operada mediante o empenho da existência inteira, visando render aos seus atores papéis cobiçados na feira das vaidades religiosas. Onde há zelo a competição não pode andar longe, e o que a princípio parece ser um assunto de foro íntimo entre Deus e a alma não raramente é atiçado pelo ciúme que almas ambiciosas sentem das qualidades supostas ou reais dos rivais na luta pelos melhores lugares. Por outro lado, a pesquisa mais recente na área da psicologia da religião – com o apoio de novas disciplinas híbridas como a neuroteologia e a neurorretórica[1] – deu indicações sobre os efeitos "biopositivos" da vida emocional religiosa que não deveriam ser ignoradas sem incorrer em unilateralidades.

Com todo respeito pelos resultados dos enfoques psicológicos e biológicos, o que deve ser decifrado no monoteísmo do tipo exclusivo e totalitário que está em discussão aqui é sobretudo um programa lógico que, antes de qualquer ônus psicológico adicional, segue uma gramática determinada de modo estritamente interno. Um dos pontos de partida para a compreensão do conjunto de regras pelo qual foram construídos os monoteísmos exclusivos já foi tangenciado anteriormente quando aludimos à busca de Abraão por um Deus que fosse digno de sua adoração. O ascenso até o Último, Supremo e Extremo, típico do sumoteísmo, tem a implicação lógica de que é preciso regredir do plural para o singular, dos muitos deuses para o Uno. Um Supremo que fosse um Não Uno não é concebível nesse estágio da reflexão. Com o suprematismo religioso, com o ascenso para o Supremo e Único, alia-se ne-

---

[1] Criticamente sobre isso: Linke, *Religion als Risiko*; bem como Hamer, *Das Gottes-Gen*; Newberg, *Der gedachte Gott*; Mühlmann, *Jesus überlistet Darwin*.

cessariamente o monarquismo ontológico – o princípio de que apenas um poderia e deveria ser senhor sobre tudo e todos.[2] Ao monarquismo associa-se o dinamismo, segundo o qual nada é capaz de resistir ao mais poderoso, conforme o dogma *omnia apud deum facilia* – para Deus tudo é fácil por natureza. Do dinamismo decorre o otimismo (ou melhor, nos termos da história do pensamento: o perfeccionismo), que estabelece que o dominador é o perfeito e o melhor e age em toda linha de acordo com sua natureza. Pode ser tido como o melhor aquele que é melhor que tudo o que é bom – mais ainda, melhor que tudo que é apenas melhor que bom.

O pensamento suprematista é um movimento que ascende por numerosos estágios ao nível do acima do melhor, que *de facto* e *de iure* submete todo o existente. Ele culmina em uma forma que, na linguagem da fé, é denominada Deus, o eterno e todo-poderoso. Em relação a ele e só a ele vale a regra segundo a qual a elevação até o Supremo deve seguir do começo ao fim o rastro da transcendência pessoal. Nesse esquema, Deus deve ser concebido exclusivamente como pessoa acima de todas as pessoas, como autor, como criador, como legislador, como dominador e como intendente do teatro do mundo, e sem sua ordem não cai um cabelo sequer da cabeça de ninguém – e sem seu auxílio nenhum aparelho doméstico funciona.[3] Nesse Deus, cai na vista a forte preponderância das qualidades do tu – em comparação com as parcelas pouco desenvolvidas do id. Ele convida mais à relação que ao conhecimento. Quando o crente, a exemplo do príncipe Míchkin de Dostoiévski, torna-se total-

---

2 Peterson, *Theologische Traktate*.
3 Cf. Luhmann, *Die Religion der Gesellschaft*, p.160.

mente criança e totalmente idiota em relação ao interlocutor superpoderoso, apagam-se de Deus até os últimos traços de determinação cognitiva.

Enquanto estivermos tratando de abraamitas, movemo-nos, portanto, na esfera do Supremo subjetivista, cujo condensado aparece na ideia de um reinado transcendente. Isso ganha expressão tanto na ideia judaica da teocracia de Javé quanto na doutrina do reinado de Cristo (confira a encíclica *Quas primas* publicada por Pio XI em 1925) e quanto na ideia do domínio total de Alá, onipresente no islamismo, que deve viger tanto na esfera política quanto na esfera prática cotidiana.[4] O monarca do suprematismo pessoal não só é o criador, soberano e preservador do mundo, mas, além disso, também seu arquivista, seu patrocinador, seu redentor, seu juiz e *in extremis* seu vingador e aniquilador.

Agora é fácil entender por que a relação entre seres humanos e um Supremo do tipo pessoal é regida por leis totalmente diferentes das vigentes no caso de um *supremum* impessoal. A forma do suprematismo pessoal implica que os pensantes e crentes só podem assumir a posição de vassalos ou cooperadores na relação com o soberano divino – além disso, só o que lhes resta é o papel infame de descrentes e de pessoas que se recusam a servir a Deus. Quer queiram, quer não, a suprematização do Deus pessoal acarreta de modo totalmente inevitável uma posição inferior para os seres humanos. A assimetria mais

---

4 Um exemplo tardio do simbolismo monoteísta foi fornecido pelos 46 deputados "conservadores" do Parlamento polonês que, em dezembro de 2006, apresentaram uma moção para proclamar Cristo o rei da Polônia.

importante entre senhor e servo se expressa no fato de que Deus, mesmo depois de ter se revelado, permanece insondável para o ser humano, ao passo que os seres humanos não podem ter nenhum segredo diante de Deus. As assimetrias cosmológicas e morais são igualmente impressionantes: as competências de Deus se estendem ao *universum*, ao passo que o ser humano muitas vezes nem mesmo consegue manter sua própria vida em ordem. Pregadores islâmicos ainda hoje gostam de recorrer à imagem edificante de que, diante do trono de Deus, o sétimo céu não seria maior que um grão de areia, que o sexto céu, por sua vez, em relação ao sétimo apenas atingiria o tamanho de um anel no deserto, que o quinto céu, em relação ao anterior, não seria maior que um anel no deserto, e assim por diante até o primeiro céu, o qual os habitantes da terra consideram como algo oniabrangente quando levantam os olhos para ele — nessas falas humilhantes para islamitas mantém-se viva em termos poéticos e terapêuticos a imagem aristotélica do mundo. Em seguida, costuma-se perguntar ao crente individual: qual seu tamanho diante de tudo isso? A resposta correta só pode soar como a exclamação do Saladino de Lessing: "Sou pó? Sou nada? Ó Deus!".[5] Não obstante, os exegetas não se cansam de asseverar que Deus estaria interiormente próximo e se preocuparia com cada um de maneira individual como se fosse seu próprio filho; e que ele inclusive percorreria a maior parte do trajeto ao encontro dos seus demonstrando amor e misericórdia. Para quem chega ao entendimento resta, nesse cenário, apenas o papel do servo que se coloca à disposição de seu senhor trêmulo por corresponder ao seu amor. Em contextos

---

5 Lessing, *Nathan, o Sábio*, ato III, cena VII.

cristãos, denominou-se esse tipo de relação de "patriarcado do amor", mas ela certamente é apropriada para todas as relações nas quais sopra o vento patriarcal.

Quanto mais o crente estiver impregnado da suprematização do senhor, tanto mais radical será sua tendência a orientar sua própria vontade pelas diretrizes vindas bem lá do alto. Quando o suprematismo pessoal assume contornos mais nítidos, delineia-se um extremismo da obediência voluntária, típico de zelotes. Essa obediência, ansiosa por se intensificar, chega ao ponto de que um servo decidido a tudo prefere as leis mais rígidas e as ordens mais desagradáveis visando obter o material para operar a submissão radical. No mundo de hoje ainda se encontram em toda parte também os vestígios da síndrome do prazer de servir: em formas malignas, cujo exemplo mais atual é o padrão de ação do atentado suicida; em feitios moderados, como os que se pode observar em sistemas zelotes tacanhos do tipo do *Opus Dei*; e, em variantes curiosas, como, por exemplo, o que veio à tona no boato espalhado por vaticanistas de que, sob Paulo VI, alguns colaboradores da cidade do Vaticano chegavam a se ajoelhar até mesmo durante conversas telefônicas com seu chefe maior.[6]

É preciso observar que a referida disposição abre espaço, em primeiro lugar, para ênfases não neuróticas da ideia do servir, embora as intensificações patológicas em geral não demorem a aparecer.[7] Um produto, de início psicologicamente insus-

---

6 Deschner, *Opus diaboli*, p.173.

7 Contudo, como foi dito, o ato de zelar pela causa de Deus não pode ser derivado em primeira linha de fontes psicodinâmicas, como, por exemplo, da compulsão por chamar a atenção de um pai muito

peito, desse tipo de suprematização é o senso para majestade e glória, tanto no âmbito político-moral quanto no estético. Mas também a tendência irracionalista vem na esteira dele: se Deus exige sacrifícios, por que não exigiria também o do entendimento? Isso se expressa na disposição de supor significados sagrados inclusive na mais densa escuridão e, a despeito de todas as ressalvas, obedecer às diretrizes do alto, também e justamente quando a ordem é incompreensível – como no caso de Abraão quando lhe foi ordenado sacrificar seu filho Isaac. No reino do *supremum* pessoal, tudo depende da confiança na integridade do comandante. Ninguém tem o direito de pensar com a própria cabeça. Nesse *universum*, necessariamente soa como uma incitação à anarquia quando Hannah Arendt registra em conexão com Kant: "Ninguém tem o direito de obedecer".

Ao lado disso, a história das regressões ao Supremo apresenta também uma variante impessoal, que denomino suprematismo objetivista ou ontológico. No caso deste, é atingido, na subida às alturas – como o descrito por Platão em suas exposições sobre os graus de fascinação que vão de um belo corpo individual até a beleza-bondade incorpórea "mesma" –, um *supremum*, ao qual não competem as qualidades do ser-pessoa, mas as de um princípio ou de uma ideia. Adequada a esse suprematismo, que culmina em um ente supremo anônimo, é exclusivamente um discurso que trata das razões primeiras

---

ocupado, a exemplo da que facilmente se desenvolve entre filhos supranumerários de famílias com prole numerosa. A disposição zelote só pode ser compreendida, em última análise, a partir da *matrix* do suprematismo subjetivista, que por si mesmo exige que o serviço seja exacerbado em serviço extremo.

e últimas da natureza objetiva, suprapessoal e estrutural. Em suma: a ascensão ao Supremo objetivista leva ao Deus dos filósofos. Até mesmo em seus retratos mais toscos é possível reconhecer que ele não tem praticamente nada em comum com os esboços de Deus dos abraamitas (El, Javé, Deus Pai, Alá).[8] Ele não é criador nem monarca nem juiz; ele é uma fonte do existente que, de sua condição de bem supremo insuperável, irradia um bem melhor derivado, o cosmo. Não lhe compete o posto de comando, mas a autocomunicação oriunda da exuberância. Sua potencialidade criativa se realiza conforme o esquema de uma causalidade gerada pela bondade.

Em virtude disso, a posição do ser humano em um contexto mundial suprematizado de ordem ontológica e cosmológica não pode ser interpretada como servidão ou disposição de servir. O correto estar no mundo exige, muito antes, uma consciência de participação em relações universais de ordenação. Trata-se, agora, do entender no sentido mais exigente: da adaptação do entendedor às providências superiores do ser. O ascenso acontece pela escada dos conceitos universais. Por conseguinte, Deus pode portar nomes conceituais como o *unum*, o *verum*, o *bonum*, o *maximum*, o *simplicissimum*, o *actualissimum*. Até títulos como esses dão asas a quem os professa – Hegel, Hölderlin e Schelling, em seu ardor juvenil, ainda se conjuraram em torno do *hen kai pan* como revolucionários em torno de seu lema.

---

8 Essa constatação é diametralmente oposta às tentativas feitas sobretudo por teólogos e filósofos católicos de provar, contra Pascal, a identidade do Deus dos filósofos com o Deus de Abraão, Isaac e Jacó. Cf. Spaemann, *Das unsterbliche Gerücht*, p.13 ss.

O zelo de deus

Comparável ao primeiro, o segundo suprematismo igualmente gera a propensão para o extremo, não em forma do servilismo flamejante nem como anseio por morrer queimado, do qual falou Goethe no nível mais sutil de suas poesias islamizantes, mas como a disposição para se recolocar no plano objetivo, para que as coisas possam brilhar por si mesmas. Isso pressupõe que a reprodução das coisas no espelho empanado da subjetividade, da vontade movida por interesses e da sensualidade tolhida seja superada e substituída por um pensamento depurado de toda arbitrariedade, objetivo, isento de sensualidade. O suprematismo ontológico que caracteriza a metafísica grega e, mais ainda, a indiana, libera uma paixão pela despersonalização, que pode se intensificar como ambição de fundir o sujeito humano com fundamento anônimo do mundo. Enquanto a busca pelo Supremo pessoal se orienta no supertu para se dissolver totalmente em sua vontade, a primeira filosofia quer se perder no superid. A questão do suprematismo objetivista – que desde Heidegger com frequência é etiquetado como ontoteologia e colocado sob suspeita de ser uma idolatria sutil – é, em última análise, tramitar o sujeito como substância.

Para completar o quadro, é preciso falar de um terceiro suprematismo da cultura racional da Europa antiga, cujo ponto de partida reside na experiência do pensar e do falar interior – em um ponto posterior, também a do escrever. Aqui aprendemos a conhecer uma segunda face da filosofia, na medida em que esta também pode começar com a autoexperiência do pensamento, em vez de começar com a orientação no polo do mundo. Desde a descoberta do Logos por Heráclito e a fundação do conceito de *nous* em Anaxágoras, o suprematismo lógico ou noético abriu caminho para uma ascensão alternativa, que a seu modo leva ao Deus dos filósofos, só que dessa vez não pela ampla encosta norte da substância, mas pelo estreito cume das articulações intelectuais. Também por ele se chega até o Uno e Último – dessa vez, contudo, o *supremum* não é interpretado pelo lado da substancialidade, muito menos sob a clave da majestade e da onipotência. O que está no centro aqui é a inteligibilidade que a tudo interpenetra e a força construtiva dos princípios intelectuais que efetua tudo. É preciso se precaver do erro de igualar esse Supremo nooteológico [*nootheologisch*] de modo demasiadamente despreocupado com o predicado religioso da onisciência de Deus, pois o saber de Deus, por sua origem dinamista, possui no suprematismo pessoal, ao lado da qualidade da sabedoria da criação, uma função quase política da vigilância total e da contabilidade total da ação e da omissão tanto de crentes quanto de descrentes – por essa razão, sua aplicação decisiva acontecerá no dia do Juízo Final, quando o próprio Deus permitirá a auditoria de seus arquivos. Em contraposição, a ascensão ao Supremo de acordo com o suprematismo noético desemboca em visões teóricas que acompanham o intelecto divino em sua involução mais íntima em si mesmo e em sua evolução no mundo. Não é raro que se recorra à matemática para realizar essa endoscopia sublime, porque ela retrata estruturas anteriores a toda a sensualidade e, por isso, a toda a ambiguidade subjetivamente condicionada.

A teoria do intelecto supremo quer, a exemplo da teoria do ser, ter validade estritamente suprapessoal e sobrelevar-se à esfera humana profana. O extremismo que marca presença também aqui pela natureza do objeto é cunhado pela busca da fórmula última. Ele não desiste de suas pretensões antes de garantir ao espírito humano a conexão com os intelectos mais elevados, no final das contas até se tornar cossabedor dos procedimentos de Deus na geração do mundo. A afirmação aparentemente híbrida de Hegel, de que sua lógica conteria os pensamentos de Deus antes da criação, ainda não vai além do usual em termos de suprematismo do espírito. De resto, com seu programa de desenvolver a substância como sujeito, Hegel verbalizou à perfeição o interesse do suprematismo noético. Ele se insere na longa história das recepções cristãs da autodeclaração de Javé: "Eu sou quem eu sou" (Êxodo 3,14). Com ela, os teólogos implantam no ser dos ontólogos um eu divino e fazem que o eu humano tenha parte nele epicentricamente[9] — uma operação em que os idealistas alemães atingiram a maestria. Da imagem do extremismo correspondente faz parte a radicalidade da vontade de interpenetrar logicamente todas as factualidades, a qual desde sempre caracterizou os pneumáticos. Muitas vezes ela foi entendida como soberba — poder-se-ia muito bem entendê-la também como uma forma mais elevada de ironia. Para os partidários do espírito, de qualquer modo, a maior parte daquilo que sai das bocas humanas não passa de vibração inanimada do ar — do mesmo modo que também sua vida cotidiana quase sempre lhes parece um revolver-se em função da gravidade. Aos seus olhos, o descendente comum de Adão não passa de um verme vertical. O que é o ser humano antes de ser transformado pelo espírito? Um intestino decorado que, sabe Deus, se vangloria muito de seu conteúdo. Não

---

9 Daí a obsessão dos teólogos desde Fílon até Agostinho pelo Êxodo 3,14, ao passo que a literatura rabínica mais antiga não se interessou nem um pouco pelo *ehyeh asher ehyeh*. Cf. Bloom, *Jesus and Jahweh*, p.73 ss.

admira que, entre os que professam tais concepções, raramente falte a propensão para ascensões lógicas ao céu.

Quando suprematistas dessa tendência se explicam, escuta-se a exigência de que venha a ser espírito onde havia matéria – ou ordem racional planejada deve ocupar o lugar do caos que cresceu ao natural. O terceiro desaparecimento do ser humano (após sua extinção a serviço do Senhor e sua dissolução na substância anônima) quer efetuar sua evaporação espiritual no caminho para o ponto ômega divino. O fato de o suprematismo noético se apoiar por vezes no parceiro da ontologia da substância não revoga sua legalidade própria. *De facto* ele constituiu com este uma comunhão de tradições, na qual ele corria o risco de se entender mal no sentido substancialista. Só a virada transcendental após Descartes e Kant passou o ferrolho nessa porta: mediante a despontenciação da teoria do intelecto em crítica da razão. Esse enfoque atingiu um de seus formatos mais sublimes, como mostrou Kurt Flasch em intervenções que vão direto ao ponto, nas especulações teórico-intelectuais de Dietrich von Freiberg e Mestre Eckhart, inspiradas pelo aristotelismo arábico, principalmente por Averróis, que um público estimulado pela filosofia vitalista em nosso país gosta de interpretar equivocadamente como "mística alemã".[10] Por sua natureza, a secularização do intelecto teve de modificar, na esteira do Iluminismo, as premissas do terceiro suprematismo; no entanto, especialmente os destinos do pensamento dialético atualizado por Hegel mostraram que a luta pela interpretação

---

10 Flasch, Meister Eckhart: Versuch, ihn aus dem mystischen Strom zu retten. In: Koslowski (Org.), *Gnosis und Mystik in der Geschichte der Philosophie*, p.94 ss.; Id., *Meister Eckhart*.

do supremo cognitivo continua também na Era Moderna. Sobre as tensões entre os três sprematismos noéticos principais do século XX, entre o dialético, o fenomenológico e o gramatológico, teríamos de falar em outra oportunidade.

Tendo como pano de fundo o que foi dito, a *matrix* das operações lógicas que resultam nos monoteísmos zelosos pode ser exposta sem grande esforço adicional. Dei a entender que os três sprematismos correspondem a três extremismos que devem ser entendidos como três modos de superar resistências contra a união com o Único. As extinções, exaltadas como "realizações", do sujeito humano no serviço, na substância e na espiritualização têm em comum a positivação da morte, na medida em que a morte abre o acesso mais direto para o Senhor, para o Ser e para o Espírito. Nesse caso, pode ficar em aberto se à afirmação da morte se atribui um significado simbólico ou literal. Entre os resolutos, nunca ninguém refutou a afirmação de que uma espécie de autoextinção é condição para promoções a níveis mais elevados. A tese apresentada por Albert Camus de que o problema fundamental da filosofia seria o suicídio comporta a prova de que seu autor figurou entre os autores metafisicamente talentosos, uma raridade no século XX, e o fato de aqueles que não possuem talento filosófico rirem dele apenas sublinha a questão mencionada.

Os extremismos são, por sua vez, casos de aplicação especialmente coerentes da gramática das altas culturas, que se baseou na ligação rígida de uma ontologia monovalente com uma lógica bivalente. Monovalência do discurso sobre aquilo que é significa: as coisas das quais se diz que são, de fato são e jamais não são, e tampouco são diferentes do que são. Consequentemente elas são partícipes do ser, tanto no aspecto do fato quanto nos aspectos do quê e do como. Por isso, o melhor modo de expressá-las é por meio de tautologias. Nesse âmbito, não se pode querer ser original e, quando alguém pergunta o que é o ser, deve-se responder com Heidegger intrepidamente: ele é ele mesmo. Na monovalência, uma rosa é uma rosa e o fato de ela florescer sem porquê e sem consideração por quem a observa resultam de sua natureza. Além das rosas, só os coros angelicais são capazes de satisfazer tais exigências severas à identidade, quando louvam o Supremo com uma linguagem monovalente. Esta constitui um *medium* que não precisa nem admite negações e, de resto, não apresenta pontos fracos pelos quais poderiam penetrar o erro, a afirmação falsa e as elucubrações sem fundamento. Desse modo, os anjos conseguem dizer algo sempre verdadeiro sobre coisas que sempre são. Diferentemente dos ontólogos humanos, eles nunca correm o risco de se equivocar de tema quando celebram a Deus.

Falantes terrenos sonham em vão com tais realizações, já que o destino de nossas linguagens é ser bivalente. Não está excluído que também a linguagem de Adão antes de ser expulso consistiu exclusivamente de nomes adequados e afirmações bem-proporcionadas, de modo que tudo o que ele proferiu no paraíso resultou em um hino natural ao existente. No entanto, com a expulsão agregou-se o segundo valor, e não só isso: para o lógico, o mito da exclusão de Eva e Adão do jardim da identidade nada mais é que uma tentativa poética de descrever como tragédia o incremento humano em termos de reflexão. Isso não deixa de ser plausível, pois quem come o pão no suor de seu rosto também separa o verdadeiro do falso franzindo a testa – uma carga que pode ser comparada com a maldição da atividade agrícola. Registremos que a primeira negação não se originou do espírito humano, mas já estava presente no mandamento de Deus – *não* comerás dessa árvore.

Desde que o segundo valor está em jogo, a capacidade de verdade de afirmações feitas por seres humanos se torna instável, porque essas afirmações, como reflexão do existente em um outro, fatalmente acarretam a possibilidade de ser falsas. A possibilidade de ser falso é inerente a tudo que é enunciado: esse fato figura entre os dotes da liberdade – se liberdade significar, em uma situação pós-lapsária, estar exposto à inclinação de dizer o que é falso, seja por algum erro involuntário, seja por razões estratégicas, seja por predileção pelo que é falso em função do que é falso. Mesmo quando nos esforçamos honestamente para expor as coisas como elas estão dadas pela condição das próprias coisas, na medida em que é possível apurá-la, em princípio é de se supor uma fresta pela qual pode penetrar a falsidade. Em termos metafóricos: a sentença verdadeira não cresce no ramo das relações reais – ela nem mesmo é uma planta que cresce, não é um prolongamento do naturalmente existente no naturalmente existente. Muito antes, à maneira específica humana, sentenças são artificiais, ousadas e antinaturais e até potencialmente perversas. Segundo a tradição majoritária dos lógicos clássicos, trata-se, no caso delas, de um reflexo da natureza em um *medium* mais ou menos turvo, constituindo, portanto, espelhamentos sem peso essencial próprio e, por isso mesmo, sempre expostos ao perigo de engrossar as fileiras das fantasias. Haveria outra maneira de entender o fato de que para uma sentença verdadeira há uma infinidade de afirmações falsas possíveis? Qual é mesmo o lugar da sentença no cosmo? Ele surge como um suplemento necessário, mas arriscado desde a base, que com esforço artificial e atraso fundamental se agrega à constituição das coisas realmente existentes. Uma sentença está sempre tão distanciada do existente que, por ocasião de sua formulação, o equívoco é uma ameaça inevitável. Pode-se virá-la de cabeça para baixo e desvirá-la, pode-se dilatá-la, torcê-la e comprimi-la, e nada parece mais simples que fazê-la dizer o contrário do que era sua intenção. No caso mais favorável, a dupla negação reconduz à sentença inicial, a qual, por seu turno, já poderia ter sido falsa. Como é possível, sob tais condições, ter por vezes a impressão de que, apesar de tudo, certas afirmações são verdadeiras e corretas? Decerto apenas porque falantes individuais, passando ao largo do perigo e da tentação de expor o que é falso, atêm-se inabalavelmente ao que está presente do lado do ser em identidade aparentemente simples consigo mesmo – como se não houvesse seres humanos que erram, se enganam e se contradizem ou, no jargão dos filósofos, como se o idêntico pudesse se retratar do modo indissimulado no não idêntico ou como se o ser pudesse transpor-se sem perdas para signos adequados.

Agora é possível esclarecer o que são, em perspectiva lógica, os monoteísmos zelosos e suas missões universalistas. Eles estão fundados no propósito de eliminar com todos os meios disponíveis o risco de equívoco dado com o segundo valor do enunciado – mesmo que isso implique extinguir quem erra junto com o erro. De fato, visto a partir do ideal do ser monovalente e seu espelhamento na sentença verdadeira, a própria pessoa que erra é apenas uma espécie de nada real, de modo que não se perde muita coisa com sua liquidação – assim como a massa do ser continuará a existir incólume como era e como será, quando for eliminado um enunciado falso sobre um de seus detalhes.

A disposição para isso, como foi visto, já está dada mediante a vinculação de ontologia clássica e lógica clássica. Se o segundo valor for apenas um valor reflexivo que possibilita um excedente formado por sentenças potencialmente insustentáveis e negações supérfluas que vai além da quantidade de coisas reais enumeradas por Deus ou pelo próprio ser e por seus enunciados correspondentes (mas que também serve para seu controle, como mostram os diálogos platônicos), deveria ser suficiente eliminar as sentenças parasitárias, as mentiras, os equívocos, o que há de ideológico e inventado, caso necessário também os falantes que lhes correspondem, para reconduzir o discurso humano ao núcleo de enunciados legítimos – legítimos, como vimos, por estarem cobertos pelo ser e gerados pelo espírito no espírito. A única coisa que interessa aos zelotes suprematistas é, no fundo, a missão de expulsar os comerciantes atrevidos com suas mercadorias supérfluas do templo da monovalência. Acaso não se pode ler em Dante Alighieri que tudo o que é supérfluo desagrada a Deus e à natureza?[11] A necessidade de tal intervenção se impõe assim que, em razão de certas exigências da revolução das ideias (cuidado: era axial!), a ontologia estritamente monovalente é conjugada de maneira sistemática com a lógica estritamente bivalente.

Nessa configuração, pode entrar em cena pela primeira vez o fenômeno "rigor". Quando o rigor atinge a subcomplexidade, o zelo chega ao seu elemento. O pensamento se torna rigoroso

---

11 Dante, *Monarchia*, I, 14.

assim que começa a insistir que apenas uma de duas coisas pode ser a correta para nós. Quando isso acontece, ele começa a vigiar enciumado para que se tome o partido do ser e não o do nada, o do essencial e não o do inessencial; o do Senhor e não o dos sem apoio e sem senhores. O zelotismo tem sua origem lógica na contagem regressiva até o número um, que não tolera nada nem ninguém ao seu lado. Esse um é a mãe da intolerância. Ele exige a escolha radical pelo "ou isso" mediante a eliminação do "ou aquilo". Quem diz dois já disse um demais. *Secundum non datur* [não existe segundo].

Tocamos aqui na estrutura profunda da síndrome iconoclástica. Nos monoteísmos rígidos, as imagens são malquistas não só porque encarnam o perigo da idolatria. A inaceitabilidade das imagens remonta mais ainda à observação de que elas jamais servem apenas à pura reprodução do representado, mas também sempre põem seu próprio peso na balança. Nelas, aparece o valor próprio do segundo como tal – e não há preço que os iconoclastas não paguem para destruí-lo. Eles sentem empatia por um Deus que se arrepende de sua criação, desde o momento em que suas criaturas escolheram trilhar caminhos próprios. Eles se apressam em prestar-lhe auxílio, eliminando tudo que distrai as criaturas da ligação exclusiva com o Uno. Dado que os seres humanos "abusam" de sua liberdade para confeccionar imagens, os iconoclastas querem pôr um fim nesse abuso, restringindo à força a própria liberdade das criaturas. Pretensamente isso acontece para mostrar às pessoas o caminho de volta ao Deus verdadeiro. Na verdade, a iconoclastia visa ao ataque à autonomia do mundo, na medida em que "mundo" encarna o suprassumo do segundo emancipado. No iconoclasmo, que é mais propriamente cosmoclasmo, articula-se o ressentimento contra a liberdade humana, caso esta não mostre imediata disposição de renunciar a si mesma, de obedecer.

Os monoteísmos zelosos (como em períodos posteriores o Iluminismo zeloso e o cientificismo zeloso) extraem seu elã da representação fantasiosa de que poderia dar certo "restabelecer" a linguagem monovalente original contra todos os equívocos e confusões da realidade posta em linguagem controversa e em figuras múltiplas. Eles gostariam de tornar audível o monólogo das coisas como elas são em si e reproduzir as diretrizes mais puras do ser, sem precisar abordar o mundo intermediador das linguagens, das imagens e das projeções com sua legalidade própria. Entre os adeptos das religiões da revelação, o que se quer é até mesmo fazer que o monólogo de Deus volte a ecoar no ouvido humano, sendo que o ser humano obediente seria mero receptor, sem que seu eu entre em campo – e sem que ele adquira sua própria parcela dos direitos autorais.

Entende-se agora também por que é necessário haver diversas variantes do zelotismo. Dependendo do tipo de sumpratização para o qual tendem, cada um de seus agentes escolhe procedimentos típicos para retornar da equivocidade para a inequivocidade, da falibilidade da fala para a infalibilidade do texto original. Em todo caso, nesse "retorno ao estado anterior à reflexão", a linguagem humana que passou a ser falada depois da queda deve ser posta entre parênteses. Seu lugar deve ser ocupado por um código que ainda não esteja turvado pelas negações, contradições e pela suscetibilidade a erros do discurso bivalente. Daí o interesse tanto dos extremistas lógicos quanto dos extremistas morais e religiosos em uma linguagem que transcenda a fala humana. Na busca pelo extra-humano e o supra-humano, os zelotes piedosos andam de mãos dadas com os rigoristas matemáticos, e os amigos da autodissolução no ser entram na aliança.

Os exemplos mais antigos e duradouros do procedimento para retornar da posição pós-adâmica para a linguagem monovalente impossível para os humanos aparecem no profetismo da fase inicial do monoteísmo. Isto não é de estranhar, dado que os profetas, por sua própria pretensão, expressam apenas a visão que Deus tem do mundo e não sua opinião pessoal. A palavra profética começa com uma postura intervencionista e termina com uma postura absolutista: ela contradiz o que determinadas pessoas fazem e dizem em determinadas situações – em contraposição, nada pode contradizê-la, dado que alega provir de uma esfera destituída de reflexão e segunda opinião. A palavra que se pegou emprestada do Supremo, pronunciada pelo orador diante do príncipe injusto ou lançada no meio do povo desencaminhado, não é nenhum aporte que se faz ao abrigo da árvore da conversação. Ela põe fim a qualquer debate, ao dizer o que é e o que deve ser. Parece ser uma crítica – há teólogos modernos que gostam de exaltar a profecia como fonte da crítica social –, mas dado que na monovalência não existe palavra crítica, debate igualitário nem expressão de opinião, ela vem a ser a palavra final, não dramaturgicamente proferida diante de espectadores, mas escatologicamente diante do Supremo.

A alfabetização cuida do resto. Como várias vezes já foi observado, as grandes fundações de religiões acontecem na fronteira entre as galáxias mediais. Os clássicos dentre os profetas, de Moisés a Maomé, estão postados no limiar entre os regimes da memória cultural. Em termos de medialidade musical, eles tocam dois instrumentos e, por seu turno, deixam-se tocar dos dois lados. Eles olham para trás para o *universum* da oralidade e fazem soar suas lendas e seus transes ("falar significa tocar com o corpo do outro", Alfred Tomatis); ao mesmo tempo, olham para a frente para a cultura da escrita e expressam suas relações aprofundadas entre literalidade e verdade. Eles são testemunhas da pressão por coerência que cresce graças à literalidade e de tudo o mais que acompanha os "progressos na intelectualidade" que também são condicionados pela alfabetização. Porém, tudo gira em torno de que os grandes mediadores querem ser, eles próprios, entendidos como textos vivos. O que é um profeta senão uma carta registrada à humanidade? Ele corporifica um escrito cujo recebimento frequentemente é recusado e que, quando recebido, na maioria das vezes não é legível para os primeiros receptores. Não ler de forma correta significa: tratar o texto que não pode ser negado como um texto discutível, tratar o texto significativo para a salvação como um texto cotidiano. O profeta não vale nada em sua própria terra porque não se pode crer que um de nós seja capaz de transitar para a monovalência da noite para o dia.

Caracterizar o judaísmo, o cristianismo e o islamismo como religiões proféticas nada mais é que constatar que, no caso deles, se trata de três estágios da livrificação de Deus – e se o livro como tal pareceu dotado de um mais-valor metafísico por toda uma era, foi principalmente porque pôde ser encarado como veículo do absoluto. Pode-se considerar os monoteísmos como puras religiões da fé, se fé designar as operações interiores mediante as quais os crentes se comportam diante do Deus que se tornou livro. Via de regra, são atos de recolhimento interior, mediante os quais a pessoa se prepara para o encontro com o majestoso – e por que não também para o encontro com a coisa surpreendentemente simples? Pela fé, é detido o regresso infinito da dúvida e do deslizar para dentro do não convencimento. Ela ajuda a assegurar um fundamento, do qual o resto do pensar e agir pode "partir".

Os caminhos dos crentes se separam quando é preciso decidir se a palavra de Deus não é só univalente, mas também unilíngue, como estabelece o islamismo em sua doutrina do árabe divino do Alcorão (e como, na segunda fileira, supõem também os cabalistas, que deixam Deus fazer experimentos com letras hebraicas durante a criação) ou se univalência e multilingualidade podem coexistir, como creem os cristãos. De fato, estes possuem em Pentecostes o paradigma de uma efusão multilíngue-monovalente do Espírito – o que poderia fundamentar uma suspeita inicial de superioridade intelectual e comunicacional. Eles divergem ainda mais diante da pergunta referente a quanto Deus e ser humano ou livro e ser humano podem se aproximar um do outro: enquanto judeus e islamitas deslocam Deus para a incomparabilidade e admitem cautelosamente que o ser humano se aproxime do livro, o cristianismo gerou uma relação triangular transitiva. Nessa relação, a livrificação de Deus é complementada por sua encarnação. Desse modo, outras passagens foram pré-programadas e seu desdobramento é apenas uma questão de tempo e conjuntura.[12]

---

12 Nessa *matrix*, são possíveis seis mensagens: alegrai-vos porque Deus se tornou ser humano; Deus se tornou livro; o ser humano se tornou Deus; o ser humano se tornou livro; o livro se tornou Deus; o livro se tornou ser humano. É de se esperar que evangelhos alternativos

Histórica e objetivamente, o profetismo está associado ao suprematismo pessoal. Ele exige de seus participantes a submissão pura e simples sob as palavras do Senhor – sendo que o melhor modo dessa submissão é a efetuação mediante a compreensão. No islamismo, os direitos sobre o texto sagrado são exclusivamente de Deus, seu autor (Maomé serve, nesse caso, apenas como padrão luminoso do médium puro); no cristianismo, eles também passam para Cristo como coautor ("a eterna palavra do Pai"), ao passo que os escribas às vezes se comportam como se os profetas tivessem dado entrevistas memoráveis, nas quais os direitos, caso não estejam inteiramente na mão do entrevistador, devem ser divididos em partes iguais entre os interlocutores. Em todas as variantes, reina entre emissor e receptor um desnível claramente hierárquico. Os pronunciamentos lá do alto são recebidos como revelações e preservados em cópias guardadas em recinto sagrado. Sua leitura é cúltica, sua interpretação é feita de joelhos, sob temor constante do risco de blasfêmia. Os reformadores do século XVI foram os primeiros a permitir a leitura dos escritos sagrados pelos leigos; os iluministas dos séculos XVII e XVIII impuseram, ademais, a profanação impune do sentido das Escrituras, alcançando a liberdade da leitura não cúltica e até crítica.

O suprematismo objetivista ou ontológico, em contraposição, não pode possuir escritos sagrados por razões internas. Ele remete com gesto sereno à biblioteca dos clássicos, cujos enunciados permanecem sempre na esfera do discutível, mesmo que tratem do Primeiro e do Último. Emprestou-se a

---

extraiam recursos desse campo, especialmente considerando que a palavra "livro" pode ser substituída pela palavra "máquina".

autores individuais, a exemplo de Platão, apelidos como "o Divino", por um misto de entusiasmo e calculismo. Tipicamente filósofos nutrem uma amizade mais estreita com a verdade que com o autor que a formulou. Em nenhum caso, o ser é uma grandeza passível de blasfêmia – razão pela qual um gozador que quiser se divertir à custa dele não precisa temer represálias: pois os conhecedores discernem claramente que a punição reside já na ignorância. A punição dupla estaria abaixo do nível da filosofia (para não falar da infâmia da punição assimétrica nas religiões zelosas, que gostam de ver delitos finitos vingados por penitências infinitas). A ascensão para a univalência efetua-se aqui com a serenidade própria do positivismo de modo geral. Seu mantra diz "é o que é"[13] – pois, Erich Fried queira perdoar, não é o amor que diz isso, mas a inteligência não desfigurada por querer outra coisa. Ela observa as coisas no estado em que estão e, a princípio, deixa que sejam o que são – para chegar à sua mutabilidade, sempre há tempo. Sem nenhum esforço, o positivismo ontológico passa de cada ponto do existente para o silêncio. O Supremo sobre o qual se silencia é a totalidade como ela é para si, quando não é deformada por nenhuma emoção oriunda do subjetivo, negativo, reflexivo. A substância sempre é o que é – o bem que se apresenta em sublime neutralidade, a coisa perfeita com que nos deparamos na roupagem da cotidianidade. Não esquecer que já um grão de areia é o que é, dado que, em seu nível e a seu modo, participa da convergência de ser e ser-bom.

---

13 Refrescando a memória: "O que é": "É absurdo/ diz a razão/ É o que é/ diz o amor". In: Fried, Es ist was es ist. *Liebesgedichte, Angstgedichte, Zorngedichte*.

Porém, a substância é, acima de tudo, discreta. Ela não exige o batismo infantil, ela desaconselha a queima de livros. Ela mandaria os peregrinos para casa, dado que Santiago, Lourdes e Meca não podem estar mais próximas dela que qualquer outro ponto no espaço. Como foi dito, nada se sabe de uma Bíblia do suprematismo objetivista. Se existisse, ela seria a própria substância como escritura – mas como se poderia pensar a escritura, que é suplemento de um suplemento de um suplemento, investida de um papel tão essencial? –, esse quase nada de tinta que fixa um quase nada de sonoridade, que, mediante modulações do ar, articula um quase nada composto de conteúdos da consciência? A resposta a essas perguntas pode ser encontrada sobretudo com os hegelianos, que, em prol de seu projeto de desenvolver a substância como sujeito, necessitam de tudo que possa ajudar a dissolver o bloco do ser em relações mais sutis.

Quando se pensa o ser, o último pensamento é o mais perigoso. A substância dos filósofos não se torna fatal para aqueles que a cortam em pedaços ou a ignoram. Seu magnetismo só exerce efeito sobre aqueles que entenderam o suficiente a seu respeito para querer imergir nela da cabeça aos pés. O extremismo ontológico se torna atrativo para os espirituosos, nervosos, cujas perspectivas de encontrar sossego no ser são ruins em virtude de sua constituição. Os investigadores mais patéticos e mais pensativos são os que mais ardorosamente tomam o partido da substância apática, irreflexiva. Eles têm as representações mais elevadas do bloco silencioso, ao qual querem se igualar e com que têm tão pouca semelhança. Com sua reflexividade e agitação, eles próprios se consideram a mácula que turva o ser. Eles acabam agindo contra a perturbação da tranquilidade da substância em seu íntimo, descartando o sujeito que perturba, a saber, a si mesmo. Esses mártires da ontologia querem fazer a mágica de dissolver a não idiotia da condição humana na idiotia do puro ser. Quando a filosofia possui uma piedade própria, ela se manifesta nesse tipo de sacrifícios. A conhecida frase de Heidegger contra o Deus dos filósofos, a saber, que, como fetiche da substância que é sua própria causa, ele seria um Deus para o qual não se pode rezar, omite justamente a possibilidade de dissolver-se nesse Deus.[14] Além disso, seja permitido dizer, trata-se de uma objeção pouco sábia, pois o senso de pertencimento à grande totalidade e o pressentimento do retorno para dentro desta são a oração natural da inteligência contemplativa.

Sintomaticamente, a Índia não ofereceu um lar só para os mais radicais dos malucos por Deus, mas também sempre foi o húmus das ontologias mais extremadas. Destas, a Grécia sempre abrigou as variantes mais rasas, dado que os gregos, como os mediterrâneos em geral, se é que se pode falar de modo tão sumário, têm pouco talento para extremismos. Só Empédocles, o iogue entre os helenos, aspirou ao suicídio iluminado – não sem tomar com toda lucidez a providência esteticamente eficaz de deixar suas sandálias na beira da cratera do Etna para atestar o salto sumamente expressivo para dentro do ser. O ceticismo europeu não deixou de reparar no calçado que ficou para trás por ocasião das bodas sagradas do sujeito com a substância – Brecht ainda comentou o artifício da sandália com desconfiança; Bazon Brock sugeriu encená-lo por meio de uma *performance* reveladora. Mas o que é então esse ser que deixa

---

14 Heidegger, *Identität und Differenz*, p.64.

para trás tais restos clamorosos? Toda uma era se passaria até que fosse encontrada a resposta adequada para isso – chega-se a ela somando o resto à totalidade. Nessa operação, o ser perde sua pretensa simplicidade – ele se revela agora como o não uno, como o que foi fendido pelo nada, como o mais-que-o-todo e menos-que-o-todo. A partir desse momento, acabou-se sua univalência primitiva. Tais concepções, no entanto, ficariam reservadas a épocas tardias – épocas em que se afirma a respeito de Deus que nem consigo mesmo ele seria uno e que, em consequência, ele teria desistido de sua reserva transcendente e se consagrado à finitude e à passibilidade. Só puderam falar assim os cristólogos do século XX, que não dissimulam sua convicção de que Deus, o demasiadamente transcendente, só tinha a ganhar com a encarnação. Contudo, desde o século V a.C., os filósofos do hemisfério helenista fizeram carreira como educadores, oradores e treinadores morais em nome do cosmo bem-ordenado das essências. Em tempo algum houve lugar para dúvidas quanto à sua filiação mundana, apesar da melancolia de Platão e do azedume de Aristóteles.

Em contraposição, as ontologias indianas já bem cedo se ramificaram em múltiplas escolas, cada uma das quais produziu seus artistas da autoextinção. O pensamento grego tampouco estava destituído de um potencial extremista, o que ficou evidente quando pensadores não gregos interferiram nos acontecimentos, principalmente o africano Plotino e seus adeptos. Seguiram-se a eles os zelotes pós-gregos, sobretudo os teólogos cristãos e os metafísicos arábicos, que acolheram o suprematismo do ser e do espírito para amalgamá-lo com o suprematismo, arraigado na religião, do serviço ao Deus pessoal. Denominou-se essa constelação de encontro de Atenas e Jerusalém ou a helenização gradativa do cristianismo – frequentemente sem levar em consideração o fato de que por séculos tratara-se com a mesma intensidade do encontro de Atenas e Meca, em termos mais genéricos, da urbanização do islamismo pela teoria grega. O que naquela época estava na ordem do dia dos zelotes cultos era a união dos procedimentos de extinção – procurou-se por métodos para coordenar a autoextinção no ser ou no espírito com a autoconsumição no serviço ao Senhor. Falta registrar que essas conversas citadinas acabaram se convertendo nos diálogos mais produtivos da história mais antiga das ideias. As conferências de cúpula dos que pleiteavam a autoextinção produziram extremistas híbridos que combinaram vários Supremos. Primeiro eles engrossaram as fileiras das ordens monásticas do Egito, da Síria e da Europa antiga, depois dos cruzados que abriram mão de si mesmos por Jerusalém e, por fim, dos partidários da *imitatio Christi* que foram caracterizados como místicos. Os sucessores modernos destes foram alvo de Bazon Brock, em sua crítica da religião da arte, que os chamou de "bandos de buscadores de Deus". Eles corporificam a forma organizada da falta de vontade de contar até três.

6
Os phármaka

Se, a partir desse ponto de nossas reflexões, olharmos para trás para o sinal de alarme no início, que nos foi proporcionado pela tese inopinada de Derrida ("A guerra pela 'apropriação de Jerusalém' é hoje a guerra mundial. Ela acontece em toda parte [...]"),[1] fica evidente que a placa de advertência e o local do perigo não combinam. A expressão "guerra mundial" provoca associações que induzem a erro, como se três batalhões do exército monoteísta estivessem marchando rumo a Jerusalém, cada um deles decidido a conquistar a cidade para uma só bandeira, um só livro, um só credo. Contra isso já depõe o fato de não haver mais nenhum interesse cristão na posse de Jerusalém – hoje os católicos também estão do lado de Hegel quando este constata que, junto a um sepulcro vazio, os cristãos nada têm a esperar além de uma necessária decepção. Em consequência, a potência religiosa quantitativamente mais forte já está posta de lado como partido de conflito na suposta luta por Jerusalém (a presença de alguns sionistas cristãos na cidade santa dos

---

[1] Ver anteriormente, p.10.

monoteísmos que, por ocasião da volta de Cristo, querem estar na primeira fila tem valor apenas anedótico), e é questionável se uma guerra mundial sem os cristãos merece esse título pomposo. Na realidade, quem está brigando, na perspectiva profana, são israelitas e palestinos pela capital de um Estado real e de um Estado virtual; na perspectiva religiosa, judeus e islamitas pelo controle de alguns locais sagrados: cerca de 5,5 milhões de pessoas de um lado e quase o mesmo número do outro que, somadas, dificilmente serão mais que a metade da população de Tóquio ou da cidade do México. Só se poderia falar de uma "guerra mundial" com muita liberdade metafórica — ou caso se queira defender a tese de que o conflito israelo-palestino seria um quadro que encobre uma guerra civil intra-arábica e intraislâmica devoradora de vidas humanas que, passando quase despercebida pelo mundo circundante, custou até agora 10 milhões de vítimas e possivelmente ainda custará muitas mais, caso se cumpram os sombrios vaticínios de especialistas militares e demógrafos para o Oriente Próximo. Mas não é disso que falam essas exposições.

Assim, é preciso supor que Derrida se enganou ou falou de alguma outra coisa. A segunda suposição deve levar ao trilho certo. Quando o fundador da desconstrução, da qual decorre uma crítica ao fator maníaco da violência em "textos", apontou para uma pluralidade de ocupações guerreiras de Jerusalém, o que ele visualizou foi o acesso à estação exemplar de envio para missões universalistas, mais que a ocupação física do território homônimo. "Apropriar-se de Jerusalém": sob as condições monoteístas tardias, isso só pode significar querer se apossar de certos potenciais de sentido que autorizam seus portadores a empreender campanhas do tipo global discutido anteriormente.

O zelo de deus

Quando se elege a cidade do Muro das Lamentações, da Igreja do Santo Sepulcro e da Cúpula da Rocha como capital histórica dos complexos messiânicos, entende-se de pronto por que há mais de um candidato que, sob a senha "Jerusalém", gostaria de arrebatar para si o privilégio de dividir a humanidade em dois grupos: aqueles que são por nós e aqueles que são contra nós. O mundo estava e está cheio de minorias que querem ser a humanidade e que antecipam o reino. Ele pulula de povos eleitos, entre os quais não são poucos os que disputam o *prius* do povo eleito declarado. Nem faltam messianismos que veem o Senhor chegando deste ou daquele ponto cardeal. O fato de Derrida *ad hoc* ter pensado, em primeira linha, no messianismo liberal de certos ideólogos norte-americanos — que da recém-acontecida implosão da União Soviética deduziram a vitória escatológica do *way of life* ocidental — confere a seus devaneios crítico-explosivos um conteúdo geopolítico concreto. O que lhe pareceu perigoso e abjeto foi o confisco da retórica messiânica pelos representantes de um império saturado, como se agora também os políticos e aqueles que escrevem seus discursos pudessem reclamar o direito de balbuciar, como adventistas semiembriagados, a respeito do reino já chegado. Ao lado dos filósofos positivistas e dos jornalistas implicados que, acompanhando as tropas liberais, invadiram verbal e fisicamente os países do Segundo Mundo desfeito, Derrida naturalmente também tinha em vista o cenário do Oriente Próximo, no qual as confissões anti-israelenses e antijudaicas se tornaram epidêmicas entre os zelotes arábicos, tanto velhos como novos — no caso deles, a "apropriação de Jerusalém" não aconteceria sem a correspondente desapropriação. Não é de se excluir que Derrida também estivesse mirando as direitas cristãs nos Estados Unidos, entre as quais as seitas apocalípticas de modo crescente dão o tom com seus obrigatórios delírios sobre a luta por Jerusalém.²

Na atual competição entre os sistemas maníacos de tração, o nome "Jerusalém" só deve ser citado significativamente na medida em que caracteriza um *quantum* do potencial suprematista que transforma o mundo em arena de campanhas religiosas e éticas. A menção de apenas um endereço simbólico não basta nesse campo, já que atualmente estão em operação muitos projetos e rompantes entusiásticos, visando à imposição de um sentido. Sua quantidade deve girar em torno de várias centenas e talvez até milhares (boa parte deles formada por seitas cristãs evangélicas, neognósticas, para-hinduístas, islâmicas apocalípticas, neocomunistas e sincretistas, sendo comum a todas elas o forte impulso maníaco), mesmo que apenas poucos obtenham o grau de marcas espirituais mundiais. Ao lado de Roma, Meca, Wittenberg e nomes de qualidade equivalente, Jerusalém representa a quintessência do suprematismo pessoal. É de tais centros que partem os êxtases do servilismo no mundo. No sentido positivo, algumas dessas designações de locais indicam a ampliação dos círculos de empatia: elas atestam a crescente capacidade de pessoas motivadas pela religião e por um ideal de se interessar pelos destinos de estranhos como se fossem parentes.

No que segue, eu gostaria de mostrar por que a luta pela "apropriação de Jerusalém" não assumirá a forma de uma guerra intermonoteísta. Inquestionavelmente somos testemunhas e, em certo sentido, também combatentes de um conflito que se dá em um "*front* espiritual", mas a seriedade e a incontornabilidade

---

2 Trimondi; Trimondi, *Krieg der Religionen*.

das colisões atuais não resultam do que, nos debates dos últimos anos, se denomina o *clash of monotheisms* [choque dos monoteísmos]. A luta gira, muito antes, em torno de como se deveria assegurar, em cada caso, no interior das religiões dispostas ao zelo – e das ideologias raivosas que se seguiram às religiões universalistas –, o controle dos potenciais extremistas. Digo controle, não eliminação, visto que não há como excluir essas tensões, mas apenas canalizá-las para formas de manifestação menos malignas. Na medida em que cada um dos referidos extremismos, por via de regra, resulta das aplicações do suprematismo pessoal à vida dos zelotes e de seu entorno, canalizar significa, no caso concreto: operar no centro das correntes que querem se lançar para o extremo, no abafamento do extremismo servil. Isso exige o desacoplamento de sentimento e código religioso. O risco de, ao fazer isso, tornar-se um zelote contra o zelo faz parte do processo. Quem opera a dessuprematização dos suprematismos com conhecimento de causa tem de chegar bem perto do foco do incêndio.

O primeiro passo ocorre, nesse caso, mediante a comprovação de que o Supremo só faz sentido como conceito limítrofe – de modo que ele não pode pertencer a ninguém e não deve ser apropriado de modo exclusivo por nenhum "representante", nenhum "seguidor", nenhum guardião da fé. Pode-se pensar que é fácil transpor essa barreira, por ser quase inimaginável como alguém cogitaria de ser capaz de imprimir no *Supremum* sua própria marca. É preciso insistir nessa ressalva também no caso em que o bem supremo "está dado" como palavra revelada de Deus. Coisas como essas, ao que parece, fazem parte da aritmética básica de toda teologia e deveriam ser postas em vigor em todo lugar sem esforço. Contudo, um rápido olhar em volta mostra que a constituição espiritual dos atores que hoje ocupam os palcos do zelo não confirma nem um pouco essas suposições.

A partir das reflexões desenvolvidas anteriormente sobre a imbricação de lógica e ontologia nos monoteísmos, resulta que a tarefa que denomino dessuprematização não recai na competência dos psicólogos. Ela precisa começar, muito antes, com um esclarecimento lógico – pelo menos na primeira rodada. Unicamente a partir dela se obterão os *phármaka* que ajudam em caso de furor suprematista. A meta de longo prazo, no entanto, é mais ambiciosa: ela tem de residir em dissolver a *matrix* clássica, na qual o ser concebido como monovalente é forçosa e coercitivamente concatenado com o valor positivo do enunciado a ser concebido em termos bivalentes. Desse regulamento resultaram, como vimos, as numerosas tentativas historicamente atestadas de impor a partir de fora e de cima, mediante a extinção do valor negativo, a informação univalente. Nem é preciso dizer que o terror contemporâneo ainda funciona segundo esse esquema.

Os conhecidos processos que foram desenvolvidos nas altas culturas para chegar a teses univalentes autoritativas – seja mediante o oráculo, a matemática ou a doutrina das ideias, seja mediante a profecia, a iluminação, o transe informativo, ou, por fim, também pela doutrina da encarnação da palavra ou da livrificação de Deus – estavam sem exceção sob o signo do esforço para fugir da esfera do saber falível, para ancorar a existência humana excentricamente no absoluto. Seu alvo sempre foi um *inconcussum* [incontestável], que não se alcançaria pela autoasseguração introspectiva do sujeito, mas por sua superação extática. Um fundamento é tido como inabalável quando ele avança até um ponto de ancoragem absoluto. Para forçar o acesso a este, os absolutistas recorrem a um artifício que, embora formalmente sempre o mesmo, permite exposições materiais em muitas direções: elas escolhem a exageração da passividade como via régia até o ser. A expressão "ser" refere-se aqui à relação global que abrange, perpassa e fundamenta a nós, mortais. Para experimentar o apoio dado de fora, o êxtase passivo é indispensável. Como se poderia chegar a essa condição senão mediante a suposição de que, no jogo com Deus ou com o ser, haveria lances mediante os quais o ser humano apanha coisas não lançadas por ele próprio — nem apanha os rebotes de seus próprios lances? No momento decisivo, pretende-se que o ser humano que recebe a bola seja puro receptor e nada além de receptor. Se ele jogar direito, no momento de apanhar a bola, ele não será ele mesmo, mas *medium* de um emissor transcendente. Pretende-se que o que ele toma para si então determine tudo o mais, inclusive as condições profanas pós-êxtase, nas quais ele próprio voltar a sacar.

Pode-se constatar, no tom mais amigável possível, que as referidas figuras usadas para forçar a recepção pura tornaram-se, sem exceção, problemáticas. Onde isso fica mais claro é no momento em que se tenta restaurá-las. Ou busca-se para elas uma plausibilidade substituta que se encontra, via de regra, na antropologia, na sociologia ou na psicanálise, ou, para defendê-las, busca-se apoio em meios que transcendem subversivamente o horizonte daquilo que se defende. No entanto, mesmo que o pensamento conservador desde sempre escolha o refinamento para conservar a coisa simples, a simplicidade é prejudicada por sua conservação. Isso vale do mesmo modo para o ater-se ao mito da passividade. Se quisermos fazer jus ao papel dos monoteísmos radicais na evolução moral e cognitiva, é justo ir ao encontro deles no terreno de seus pontos fortes — seu ponto mais forte, contudo, o aparente repousar sobre os fundamentos da autoridade religiosa e ontológica, consiste, como foi observado, em procedimentos precários de imposição da informação transcendente. Se seguirmos esses procedimentos até suas fontes constatáveis, os pontos fortes se convertem em pontos fracos. As autoridades se revelam regularmente como tomadoras de crédito que nem pensam em devolver o dinheiro enquanto forem poderosos o bastante para intimidar os credores. Não resta dúvida quanto ao resultado de um exame, por mais benevolente que este seja. Após apreciação abrangente de todos os elementos de prova, incluindo a paciente arguição de testemunhas e advogados, a seguinte sentença se impõe: a *matrix* das metafísicas religiosas e filosóficas clássicas está exaurida. "Exaurida" quer dizer, por um lado, completamente desdobrada e realizada; por outro lado, inteiramente gasta e discernida quanto à sua limitação e equivocidade fundamentais.

Nessa situação, o único caminho que ainda está acessível é o que leva ao pensamento plurivalente. O que se deve entender por plurivalência não precisa ser explicado a possíveis interessados como se fosse uma novidade mundial. Toda inteligência não pedante a pratica de modo implícito desde criança, tanto no que se refere às coisas quanto no que se refere às ideias. Enquanto a lógica clássica fica em pé ou cai com o princípio do *tertium non datur* (não existe terceira opção além de sim e não), o pensamento cotidiano desde sempre encontrou caminhos para o *tertium datur*.³ O procedimento universal nesse campo consiste na desradicalização de alternativas: confronte-se alguém com um ou-ou que lhe desagrada e cedo ou tarde se verá que ele transforma a tarefa em um tanto-quanto. Elimine-se as cores do mundo – uma suposição que, como mostrou Oliver Sacks, tornou-se realidade para uma parte da população da "ilha dos daltônicos"⁴ – e obtém-se um universo visualmente trivalente, no qual um mundo intermediário em escala de cinza faz a mediação entre os extremos branco e preto. Isso pode parecer trivial e, não obstante, é informativo no contexto dado. A cor cinza significa aqui a desobrigação de escolher entre preto e branco. Ela corporifica a terceiridade realmente existente. De resto, em um mundo marcado por escalas de cinza, é possível prever o aparecimento de extremistas que, enfadados dos valores intermediários, lutam por um mundo puramente preto ou puramente branco. Se um partido de radicais toma o poder, a opção pelo cinza é declarada como propaganda contrarrevolucionária. Podem se passar gerações até que o derretimento do gelo volte a permitir a profissão pública pelas vantagens do mundo em cinza.

Também no terreno dos monoteísmos zelosos oferecem-se oportunidades de passagem para o pensamento plurivalente.

---

3 Cf. Heinrich, *Tertium datur*. Ao lado dos argumentos não técnicos aqui indicados a favor da plurivalência, é preciso mencionar a elaboração técnica de lógicas plurivalentes em Lukasiewicz e na escola polonesa, bem como na informática mais recente. Uma via própria para fundamentar uma lógica não aristotélica foi encetada por Gotthard Günther, cuja obra até agora foi acolhida mais por teóricos sistêmicos que por filósofos.

4 Sacks, *Die Insel der Farbenblinden*.

Justamente o islamismo, de resto mais conhecido por seu *páthos* da univalência estrita, cometeu um avanço exemplar para a criação de um terceiro valor. Isso aconteceu quando ele revogou, para os adeptos das religiões do Livro, a obrigação de escolher entre o Alcorão e a morte. Com a instauração do status do *dhimmi*, que *de facto* representa uma submissão sem conversão, ele estabeleceu uma terceira opção entre o sim e o não para o culto islâmico. Isso foi ocasionalmente mal entendido como uma forma de tolerância – uma concepção bastante não islâmica, bem como bastante não católica –, que deve ser melhor apreciada como manifestação primitiva do pensamento plurivalente. Para os subjugados, ela equivalia à sobrevivência; para os subjugadores, à descoberta de uma possibilidade de escapar do dever do massacre. Se os líderes islâmicos tivessem aplicado a alternativa "conversão ou liquidação", prescrita literalmente para os politeístas, aos muitos milhões de cristãos e às minorias judaicas que nos séculos VII e VIII se tornaram súditos dos dominadores árabes (o império romano oriental perdeu, naquela época, como foi mencionado, a metade de sua população para o islamismo em expansão), a consequência teria sido o maior derramamento de sangue de toda a história da humanidade. Reconhecer que isso não pode ter sido da vontade de Deus, o misericordioso, e que a eliminação de súditos úteis teria simultaneamente enfraquecido os interesses de poder dos árabes não deve ter exigido lá muito esforço mental dos sábios islâmicos daquela época. Assim, eles fizeram uso do recurso clássico da inteligência, que tinha de resolver um dilema indesejável: eles desradicalizaram a alternativa, criando uma opção intermediária. Consequentemente introduziram para judeus, cristãos e adeptos do zoroastrismo o imposto *per capita* (*jizya*) (que deve ter correspondido ao dízimo), o que, por um lado, diferenciava esses grupos dos islamitas obrigados a dar esmola (*zakat*), e, por outro lado, os equiparava a estes – o fisco também aprende rápido quando o assunto é plurivalência.

Algo formalmente similar pôde ser observado séculos depois na Idade Média europeia, quando teólogos cristãos tiveram de digladiar-se com a tarefa de atenuar a tensão terrorista da alternativa entre bem-aventurança ou condenação eterna, que reinava desde Agostinho. O tema foi proposto por um "espírito de época" modificado – caso seja viável aplicar uma concepção do início do século XIX a condições dos séculos XII e XIII. A partir dessa era foi possível reconhecer que os moradores das cidades europeias em ressurgimento não estavam mais dispostos a se submeter à psicopolítica do terror sagrado até ali inconteste. A mudança de consciência anuncia a Reforma no sentido amplo do termo, caso se queira entendê-la como a reestruturação da Igreja cristã em conformidade com as pretensões de uma clientela citadina alfabetizada, despertada para a autoconsciência e não mais *a priori* submissa e passível de intimidação. Essas pessoas sabem planejar, calcular e dar ordens, têm senso para proporções e possuem uma representação precisa de negócios com base na reciprocidade. Elas não fazem comércio com meio mundo nem levam uma vida moderada, ativa e sacrificada na estreiteza altiva dos regulamentos das guildas para depois permitir que, apesar de todos os seus esforços e merecimentos, sejam ameaçadas por soturnos pregadores de catedrais com os horrores do inferno eterno.

Em vista da disparidade entre oferta e procura, os teólogos da Idade Média Alta deram-se conta da grosseria insuportável de sua prédica escatológica. Por fim, fizeram uso do meio que se impõe em tais situações: eles desradicalizaram a alternativa e criaram um terceiro valor, complementando a paisagem do além com o inferno purificador, mais conhecido como *purgatorium*, purgatório. Mediante a invenção desse terceiro lugar, nos séculos XII e XIII, os *designers* da doutrina cristã das últimas coisas lograram reestruturar o sistema de ameaças religioso de tal maneira que restaram horrores em quantidade suficiente para manter o controle sobre a vida psíquica dos crentes sem ofender totalmente as maiores exigências de comedimento, coerência e respeito às realizações da vida. O perigoso segredo do agostinismo, que havia se ocultado na doutrina da graça de 397, pôde ser parcialmente desvendado: agora havia condições de substituir o inferno eterno para quase todos pelo purgatório temporário aberto a todos os pecadores – excetuando os candidatos irremíveis ao reino de Lúcifer. No novo regime, os únicos a se livrar do tratamento pós-mortal das torturas purificadoras eram, quando muito, os transfigurados em vida, diante dos quais nem mesmo o céu pode se recusar a atender o grito *paradiso subito* [paraíso já!]. Decisivo continua sendo o fato de que, com o *purgatorium*, foi instalado um terceiro lugar entre inferno e paraíso que assumiu características desses dois lugares: do inferno, o ambiente pavoroso e as penitências aflitivas; do paraíso, a confiança e a certeza do final feliz. Ao mesmo tempo, com base na ideia do *purgatorium*, ganhou peso uma ideia de graves repercussões, a saber, que, após sua morte, as almas se encontrariam em um período de transição entre a primeira e a segunda vidas, pressupondo que pertençam ao campo principal dos pecadores moderados que têm uma chance real do outro lado. Temos aqui a estreia do motivo *second life* no campo religioso. Em algum momento, as circunstâncias necessariamente estariam maduras para a pergunta: por que não haveria tal período intermediário também antes da morte? Basta acreditar por tempo suficiente no *purgatorium* para um dia poder acreditar na história – a segunda deusa do mundo ideal pós-cristão que conquistou o palco europeu no final do século XVIII (a primeira portava o nome promissor de Fortuna e, a partir do Renascimento, está presente onde quer que pessoas façam altas exigências a uma vida antes da morte). Só podem viver na "história" aquelas pessoas convictas de que existem em uma terceira época: em uma fase necessariamente desconfortável de transição entre a miséria herdada e uma era prometida de fruições felizes.

A práxis da dessuprematização pode ser remontada até a fase inicial dos monoteísmos expansivos, quando o extremismo ainda era tido como soberba e toda tentativa de agarrar diretamente o Supremo parecia ser feita com o concurso da mão do diabo. O interesse por exercer o controle sobre os excessos crentes brotou quase espontaneamente das coerções havidas na institucionalização do monoteísmos exclusivos. As religiões desse tipo descobriram bem cedo a missão de abrandar o fogo profético do qual se originaram sem apagá-lo. O segredo de sua sobrevivência residia em sua capacidade de refrear a falta de comedimento que lhes é inerente com meios disponíveis a bordo. Elas tiveram de se tornar clássicas para aparar ritualmente o romantismo do qual procedem – pressupondo que seja possível atribuir tipologicamente ao polo romântico as fermentações apocalípticas iniciais, sem as quais nem o cristianismo nem o islamismo poderiam ser concebidos. A partir dessa perspectiva, as religiões dogmaticamente bem refletidas oferecem os melhores antídotos contra seus próprios excessos endógenos – bem como contra as versões secularizadas e as paródias políticas destes. Isso fundamenta, de resto, a esperança de que o islamismo um dia dará conta de suas metástases políticas do mesmo modo que o cristianismo deu conta de seus excessos anabatistas e evangélicos, do culto jacobino do Ser Supremo e, por fim, também da Igreja ateísta do comunismo. Do que aqui se chama classicismo monoteísta sempre fez parte – ao lado da memória onipresente dos deveres de humildade dos crentes – uma série de exercícios espirituais que, de modo implícito, contribuíram para superar a perigosa rigidez da *matrix* fundante. Entre as disciplinas de preparação para o pensamento plurivalente formal devem ser mencionadas sobretudo a do princípio dos níveis hierárquicos e a da teologia negativa, ao lado da hermenêutica como arte da leitura polissêmica e, *last but not least*, a formação do humor monoteísta.

O pensamento dos níveis, que já no período clássico aliou a doutrina do ser com o suprematismo metafísico-espiritual, teve o efeito de dificultar saudavelmente a ascensão até o Supremo ao centrar sua atenção em provas, graus e chicanas. Ele incutiu a convicção de que um nível em que a própria pessoa se encontra, bem por isso, já não poderia ser o nível supremo ou mesmo um nível bastante elevado. Além disso, as hierarquias divinas deixam bastante espaço para graus além da compreensão terrena, razão pela qual o ser humano sempre tem um motivo para olhar para cima. Ele só medra na incerteza se sua admissão em círculos mais altos for iminente. Não esqueçamos que esse modo de sentir as coisas ainda estava presente para Nietzsche quando ele quis mostrar aos seus amigos "todas as escadas que levam ao Super-Homem".[5] Rainer Maria Rilke também mostrou familiaridade

---

5 Nietzsche, *Assim falou Zaratustra*, p.33.

com as tradições do olhar para o alto quando conjurou o "pólen da divindade em flor, articulações de luz, corredores, escadas, tronos".[6] Foi só quando os "bandos de buscadores de Deus" dos séculos XIX e XX irromperam nesse universo todo baseado na discrição que se perdeu o *páthos* da distância hierarquizada. Desde então, os esforços exigidos por um mundo composto de graus, escalas e ascensos se tornaram incompreensíveis para a maioria. A ambição desregulada quer a "hierarquia plana" – ou de vez a planície nivelada. Ela não admite mais nenhuma razão pela qual não possa ter tudo e de imediato no nível em que está agora. O estamental e o estável se volatilizam também aqui, mas não para forçar os indivíduos a encarar suas relações mútuas com olhar sóbrio,[7] e sim para relegá-los a uma vulnerabilidade anteriormente desconhecida. Nessa condição, eles sucumbem primeiro às insinuações do extremo, depois às de uma vulgaridade sem limites.

Observações similares teriam de ser feitas em relação à prestigiada teologia negativa. Seus primórdios entre os padres da Igreja de fala grega, principalmente nos capadócios e no Pseudo-Dionísio, o Areopagita, atestam a suposição de que sua finalidade era mitigar o furor de ascensão ao céu de um monaquismo do tipo cristão-helenista, instigado pela metafísica do espírito. Ao passo que hoje ela é tratada pelos eruditos dentre os amantes da religião, por assim dizer, como a última chance intelec-

---

6 Rilke, *As elegias de Duíno*, p.13.
7 "Tudo o que era estamental e estável se desmancha no ar, tudo o que era sagrado é profanado e as pessoas finalmente são obrigadas a encarar a sua posição na vida e suas relações mútuas com sobriedade" (Marx; Engels, *Manifesto [do Partido] Comunista*, p.43, com modificações).

tual de Deus, em suas épocas mais graves ela funcionou como a última chance do asceta para prevenir o abrasamento da massa maníaca. Seu procedimento consistiu na reflexão pausada percorrendo listas de negações concretas dos predicados atribuídos ao Supremo, por meio de cuja repetição constante o meditante era instado a manter-se consciente de sua própria distância até o topo. A teologia negativa só pode ser efetuada significativamente como uma litania intelectual que atualiza a distância incomensurável entre o Deus incognoscível e suas qualidades cognoscíveis. Ela não pode propriamente ser estudada, mas precisa ser rezada como um rosário lógico. O exercício é feito com um propósito duplo: assegurar a transcendência do objeto supraobjetal e atrair o meditante para fora do âmbito visado pela mania do endeusamento. Desse modo, atende-se o interesse da plurivalência, dado que o sujeito piedoso se situa em uma terceira posição entre a exclusão completa de Deus e a inclusão completa nele. Quanto ao uso moderno dessa forma de pensamento, contento-me com a constatação de que os interessados de hoje, como de hábito, visam ao oposto do que era pretendido pelo exercício original, dado que o Supremo nunca lhes poderá ser entregue de modo suficientemente imanente e próximo do eu.

As hermenêuticas oriundas da relação com os escritos sagrados podem igualmente ser tidas como escolas do jeito plurivalente de pensar. Isso resulta sobretudo da circunstância de que entendedores profissionais das Escrituras são confrontados com uma alternativa perigosa. A atividade da interpretação clama por si só por terceiras vias, porque mal começou já se depara com uma escolha inaceitável: ou a apreensão boa demais ou a apreensão muito ruim da mensagem divina. As duas opções acarretariam consequências funestas. Entender a Sagrada Escritura tão bem como só seu autor poderia entendê-la daria a impressão de que estamos querendo dar um tapinha nas costas de Deus e declarar que concordamos com sua opinião – uma pretensão que dificilmente agradará aos guardiões das tradições sagradas. Contudo, quando ela é entendida contra o consenso e inclusive considerada totalmente obscura e um contrassenso, poderíamos estar diante de um caso de obstinação demoníaca. Nos dois casos, o receptor não preenche o requisito e provoca a reação da ortodoxia contra si, que, como se sabe, nunca teve escrúpulos na hora de mostrar os limites aos hereges. Por conseguinte, a hermenêutica religiosa é deslocada *a priori* para o intervalo entre duas blasfêmias e precisa manter-se ali em suspensão. Não existe situação mais motivadora para se engajar por uma terceira via. Quando não é possível nem se amalgamar com as intenções do autor a ponto de entendê-lo melhor do que ele próprio se entendeu no momento do ditado, nem ignorar sua mensagem como se fosse um estranho que nada tem para nos dizer, está pré-traçado o desvio para uma posição intermediária. O reino intermediário da interpretação é o empenho por uma compreensão caseira corretamente canalizada dos signos sagrados e a imperfeição fundamental é sua chance, seu elemento. Não é preciso explicar com detalhes como esse trabalho na penumbra de um sentido sempre desvelado apenas parcialmente é dotado das qualidades mais fortes para quebrar o extremismo – ele pode levar até a fronteira onde a escritura religiosa se dissolve em literatura.[8] Paul Celan fala

---

8 A equiparação mais resoluta do texto sagrado com a poesia pode ser encontrada nos escritos do crítico literário norte-americano

da renúncia da palavra à autoridade opressora quando diz que a poesia não se impõe, mas se expõe.⁹ Em diálogo com Heiner Müller, que certa vez admitiu não saber mais que significado teria um verso composto por ele, Alexander Kluge observou: "Ajustas tuas orelhas à corrente de ar e proclamas versos". Isso decerto quer dizer que há mais sentido no mundo do que os próprios autores conseguem entender. Quem mais fez uso da possibilidade de desdobrar o texto absoluto em leituras múltiplas foi a cultura judaica dos comentários, cuja riqueza vive da proliferação das perspectivas. Daí o gracejo com fundo de verdade: dois talmudistas, três opiniões diferentes.

Esses efeitos são complementados pelo humor que se desenvolve à sombra dos monoteísmos. Ele têm uma série de pontos em comum com o humor praticado em ditaduras, dado que todos os sistemas totalizantes, tanto os religiosos como os políticos, provocam a desforra popular no que é coercitivamente sublime. O humor pode muito bem ser tido como uma escola da plurivalência, porque educa seus praticantes a olhar todas as possíveis situações da vida, sobretudo as desagradáveis, a partir de uma terceira perspectiva. A terceira visão não vem nem exclusivamente de baixo, do envolvimento, nem exclusivamente de cima, do não envolvimento, mas une a visão de cima com a visão de baixo de tal modo que, para o observador, surge um efeito libertador. Desse modo, o sujeito passa a compartilhar uma postura soberana em relação à sua própria

---

Harold Bloom, que compara impavidamente o Deus do Javista com o rei Lear e Jesus com Hamlet. Cf. também Marquard, *Abschied vom Prinzipiellen*, p.127-32.

9 *Der Meridian*, 22 out. 1960, in: *Gesammelte Werke*, p.198.

situação. Enquanto os filósofos fizeram uso do motivo do ser-superior-a-si-mesmo sobretudo para louvar o autocontrole, os humoristas põem o acento na autoterapia. No contexto teórico-cognitivo, a práxis do terceiro olhar seria descrita como novo enquadramento de certa quantidade de dados, com cujo auxílio se dissolve a subjugação da consciência por um modo de ver paralisante. Não é por acaso que zelotes típicos reconhecem com instinto certeiro o humor como o inimigo que estraga a festa de toda unilateralidade militante. Combatentes mais sábios compensam sua falta de humor com a asseveração de que estão guardando suas risadas para os tempos de paz – a exemplo de Lenin, que achou aconselhável adiar a audição da música de Beethoven até a realização do comunismo, porque ela nos seduz a abraçar o próximo (mesmo que este seja um capitalista) em vez de rachar-lhe o crânio a serviço do futuro.

Se reunirmos os efeitos que resultam dessas disciplinas, pode-se falar de processo civilizatório por meio de institucionalização. Para os integrantes de culturas religiosas maduras, as boas maneiras da plurivalência informal se tornam sua segunda natureza, a tal ponto que muitas passagens de seus próprios livros sagrados, que exalam o furor santo, parecem-lhes arcaísmos constrangedores. Nesse embaraço, eles recorrem ao procedimento discretamente herético de limitar-se a citar as passagens que são compatíveis com as sensibilidades dominantes. Esse tratamento seletivo dispensado ao texto completo também teve de ser adotado pelos católicos contemporâneos: não foi sem razão que recentemente se eliminou da oração das horas da Igreja romana os controvertidos salmos de vingança. Virá o tempo em que também os islamitas se decidirão por pular as passagens sinistras do Alcorão durante a leitura. O processo de civilização dos monoteísmos estará concluído assim que as pessoas passarem a se envergonhar de certas declarações de seu Deus, que infelizmente foram registradas por escrito, como alguém se envergonha das cenas protagonizadas pelo avô colérico, de resto muito amável, que há bastante tempo já não se deixa mais aparecer em público desacompanhado.

7
As parábolas do anel

O programa de domesticação dos monoteísmos a partir do espírito da boa sociedade tem sua expressão mais sugestiva na parábola do anel, tomada do poema dramático *Natã, o Sábio*, de Lessing, do ano de 1779. Ela conta a história de um pai que, em tempos imemoriais, deixou de herança para seu filho um anel precioso. Esse anel possuía o condão fabuloso de tornar seu portador agradável diante de Deus e das pessoas e, desse modo, acreditá-lo como herdeiro legítimo. Nos moldes da primeira transmissão, o anel passou, por longos períodos de tempo, de pai para filho e causou regularmente seus efeitos agradáveis. Contudo, em certa geração, o portador do anel teve três filhos, todos igualmente obedientes a ele e que, por essa razão, ele amava do mesmo modo, de maneira que prometeu a cada um deles o anel. A fraqueza piedosa do patriarca amoroso só pôde ser compensada por uma fraude piedosa: o ancião encomendou "de um artista" a confecção de duas imitações tão perfeitas que ele próprio não era capaz de diferenciar o anel original dos dois novos, e entregou um anel para cada um dos filhos com as bênçãos e promessas vinculadas a ele.

Após a morte do pai, aconteceu o que tinha de acontecer: os filhos começaram a brigar porque cada um reivindicou a prerrogativa de único herdeiro legítimo. A disputa é inevitável, mas não pode ser resolvida, dado que, no plano das razões, todos os três podem apresentar certidões igualmente boas. Um juiz sábio é chamado para dirimir a querela. Ele encontra uma solução, condenando todos os queixosos a uma prova de legitimidade. Em função desta, é necessário deslocar o acento do plano das demandas religiosas e suas provas para o plano dos efeitos. "Não havendo mais como demonstrar qual é o anel verdadeiro" – e *eo ipso* tampouco a fé verdadeira, como Natã acrescenta enfaticamente –, não resta outra saída aos possuidores dos anéis e a seus observadores senão se submeter ao critério pragmático. Um dia, a capacidade do anel de tornar seu portador "agradável diante de Deus e das pessoas" será determinante. Aos candidatos, só resta o conselho de vir em auxílio das virtudes interiores do anel por meio do esforço próprio e da "conciliação cordial". Pela natureza do caso, o resultado só poderá ser julgado em um futuro distante, quando outro juiz voltar a intimar as partes litigantes – alusão inconfundível a um Juízo Final esclarecedor, diante do qual teriam de responsabilizar-se não os crentes individuais, mas as religiões monoteístas como um todo.

Da perspectiva atual, o que chama a atenção nessa parábola que, com toda razão, é celebrada como o Sermão do Monte do Iluminismo, é sua pós-modernidade consumada: ela reúne em si o pluralismo primário, a positivação da simulação, a suspensão prática da questão da verdade, o ceticismo civilizador, o reposicionamento das razões para os efeitos e a primazia do aplauso externo em relação aos reclamos internos. Nem o leitor mais escaldado consegue deixar de admirar a inteligência da solução de Lessing: ao postergar a sentença definitiva até o fim dos tempos, ela insta os candidatos à verdade a não se sentir muito seguros de sua eleição. Assim, o ceticismo piedoso leva a sério as religiões, dando-lhes um sinal para que não se levem demasiadamente a sério.

Não afetará a venerabilidade do documento se eu apontar algumas dificuldades que complicam sua compreensão que a princípio parecia simples. O que Lessing sugere desemboca diretamente em uma transformação estético-receptiva da religião. Isso anuncia o despontar da cultura de massa em assuntos religiosos. Nesse contexto, "Iluminismo" não é senão uma palavra codificada para a convicção de que as elites e a massa um dia, após a superação de seu estranhamento historicamente originado, se encontrarão em percepções e juízos de valor comuns. Foi exatamente essa convergência que os jovens heróis do idealismo alemão conjuraram como chance civilizatória e, por essa razão, quiseram eliminar do mundo "o tremor cego do povo diante de seus sábios e sacerdotes".[1] "Então, por fim, esclarecidos e não esclarecidos têm de dar-se as mãos, a mitologia deverá tornar-se filosófica e o povo, racional..."[2] Porém, se a popularidade vier a ser critério da verdade — e o porta-voz da elite mantém essa exigência *expressis verbis* —, pode-se prever um deslocamento da competição entre as religiões para o campo humanitário: não é para menos que o gosto religioso das massas se edifica, desde tempos antigos, no espetáculo

---

1 Hegel, Ältestes Systemprogramm des deutschen Idealismus. In: _____, *Werke in 20 Bänden*, p.236.
2 Ibid.

da beneficência, quando não se permite, nos intervalos, uma escapada para o teatro da crueldade.

Assim, examinando a questão à clara luz, Lessing poderia ter renunciado à figura do segundo juiz que emite sua sentença em um futuro distante, pois, desde o Iluminismo, o juízo sobre as religiões não se consuma no final dos tempos, mas no plebiscito diário. Ele se expressa em flutuações de simpatia, cujos altos e baixos são apurados desde o início do século XX por meio de pesquisas de opinião. O pressuposto disso é que a própria sociedade civil foi declarada, discreta ou indiscretamente, como divindade na Terra.[3] Ironicamente, as religiões monoteístas como um todo não atingem bons resultados diante do tribunal do gosto popular, dado que o critério da efetividade, na maioria das vezes, é desfavorável a elas – pois não é preciso muita perspicácia para perceber que entre monoteísmo e falta de paz (ou falta de conforto) no mundo há uma correlação significativa –, e, além disso, como logo será mostrado, a condição para uma possível popularidade das religiões monoteístas é precária. Em contraposição, as religiões meditativas do Oriente, o budismo à frente de todas, em razão de suas formas amenas de manifestação, atingem altos valores de predileção e respeito – o que, no entanto, não quer dizer que os simpatizantes queiram se tornar adeptos praticantes dos cultos tidos por eles como favoritos.

Assim, Lessing e seu avalista Boccaccio, de cujo *Decameron* (terceira história do primeiro dia) a narrativa foi tomada, precisam deixar que lhes perguntem se estão no caminho certo

---

3 Cf. Luhmann, Grundwerte als Zivilreligion. In: Kleger; Müller (Orgs.), *Religion des Bürgers*, p.175-95.

in puncto interpretação dos sinais. Não poderia ser que ambos tenham sucumbido a uma ilusão no que se refere aos efeitos do anel? Recordemos: Lessing faz seu juiz determinar que poderia ser autêntico apenas o anel que carrega em si o dom de tornar seu portador benquisto por Deus e pelas pessoas. O próprio Natã frisa que, se cada um dos possuidores dos anéis permanecer o mais aceitável só para si mesmo, todos os três seriam "enganadores enganados" – a liberalidade do século XVIII já pôde tomar a liberdade de dizer isso. Só quem ganha o aplauso do mundo circundante dispõe de um indício confiável de encontrar-se no caminho certo. De fato, o dever do altruísmo se tornou inseparável das religiões clássicas a partir do momento em que se pretendeu encontrar a marca distintiva da verdadeira fé na renúncia ao eu e na entrega ao outro, seja ele grande ou pequeno. De acordo com isso, somente Deus poderia determinar se um crente lhe agrada. Contudo, por sua própria conta e risco – embora tenha recebido forte apoio do espírito da época –, Lessing amplia o júri que julgará o êxito da religião, ao acolher nele os seres humanos. Porém, quem pode nos garantir que a qualidade de ser agradável a Deus é a mesma que a qualidade de inspirar simpatia nas pessoas?

Na verdade, nenhuma característica expressa a essência do monoteísmo de modo mais cabal que a prontidão dos zelotes de se tornarem odiados entre as pessoas, se isso for considerado um meio de agradar tanto mais a Deus. Com sua equiparação despreocupada de "agradável a Deus" e "benquisto pelas pessoas", Lessing possivelmente foi induzido a erro pelo otimismo da primeira fase do Iluminismo, que queria considerar como dada a convergência de interesses das elites e das massas, a ser assegurada pelo progresso. O desenvolvimento real da modernidade oferece uma imagem totalmente diferente: a cada nova geração, ele aprofunda mais a fenda entre alta cultura e cultura de massa e faz que aflore de modo cada vez mais indissimulado o caráter odioso da alta cultura ou, pelo menos, seu caráter suspeito para a massa, como um traço básico do evento civilizatório mais recente. Se tirarmos as consequências disso, entenderemos perfeitamente por que um dia o monoteísmo será obrigado a colocar suas cartas alto-culturais sobre a mesa – e, se não admitir voluntariamente seu traço elitista e, de modo indireto, também sua natureza polemogênica, corre o risco de que outros façam isso por ele.[4]

A religião do Uno exclusivo precisará, então, admitir no último minuto o que até aquele momento não deveria articular abertamente: que, por sua natureza, lhe é impossível ser popular. Em seu caso, todo tipo de popularidade baseia-se em mal-entendidos sentimentais – o exemplo mais famoso: a publicidade inebriante que Chateaubriand fez do *Gênio do cristianismo*. Aos olhos do poeta romântico, até os rigorosos sacramentos católicos eram como "pinturas cheias de poesia"[5] e as biografias dos santos, como os mais fascinantes romances. Contra essa visão transfiguradora das coisas é preciso trazer à memória certos princípios da história da cultura: uma religião monoteísta que defende seu nível de exigência só poderá chegar ao poder e manter-se nele submetendo as massas inflexivelmente às suas normas – o que não é factível sem a ditadura do sacerdócio (por via de regra, sob o patrocínio de uma monarquia sacral ou semis-

---

[4] Cf. Assmann, *Die Mosaische Unterscheidung oder Der Preis de Monotheismus*.
[5] Chateaubriand, *Geist des Christentums oder Schönheiten der christlichen Religion*, p.715.

sacral). Nessa ordem de coisas, os meios suaves e os não suaves andam de mãos dadas. Esse gênero de regime esteve solidamente estabelecido na Europa do início da Idade Média até o século XVIII – e, a partir do início da Era Moderna, foram necessárias lutas demoradas e supremamente acirradas, antes que se lograsse quebrar o poder onipresente da Igreja. Desde então, a *high culture* tanto religiosa quanto estética pôde apenas tentar alcançar os muitos emancipados pelo *modus* da missão interna e se limitar a sonhar com os tempos áureos do pleno poder medieval.

A ótica da teoria geral da cultura permite tornar compreensível por que a aceitação do monoteísmo por povos e âmbitos culturais inteiros sempre pressupôs um sistema abrangente de meios coercitivos. Uma vez galgado o poder, consolida-se uma clerocracia através das inevitáveis medidas "político-culturais" de praxe: em primeiro lugar, o controle da educação[6] e a vigilância inquisitorial da ortodoxia em todas as camadas sociais. Para além disso, as concessões semipagãs de cunho popular fazem o efeito necessário para corromper a sensibilidade das massas. Quando a alta religião consegue transformar a aversão a ela em rituais de admiração, terá obtido o máximo que pode alcançar por seus próprios meios. Um monoteísmo benquisto é uma contradição em si.

Em uma versão corrigida da parábola do anel, o pai teria de mandar confeccionar dois novos anéis totalmente iguais que, no teste prático, teriam de provar se lhes é inerente o condão

---

6 Aliás, a religião civil da Revolução Francesa também quis assegurar o domínio sobre os espíritos das gerações seguintes. Em seus projetos para as instituições republicanas, Saint-Just fez constar isto: "As crianças pertencem à sua mãe até o quinto ano e, depois disso, à República até sua morte" (apud Sieburg, *Robespierre*, p.221).

de tornar seu portador odiado pelas pessoas. Além disso, o anel deveria transmitir ao seu possuidor a certeza de sua eleição. De todo modo, o portador do sinal mágico receberá por entrega em domicílio a confirmação de seu status especial: a antipatia dos muitos que participam, mais ou menos contra a vontade, da comédia da admiração lhe mostrará inequivocamente que está no caminho certo. Nessa ordenação experimental, as religiões monoteístas seriam dispensadas de toda consideração relativa a querer agradar àqueles com quem convivem – elas poderiam dedicar-se sem ressalvas ao seu negócio central de querer agradar exclusivamente ao Deus transcendente. Cada uma das três estaria livre para se apresentar como a forma mais perfeita do suprematismo pessoal e, mesmo não sendo possível desvencilhar-se da coexistência com os dois outros formatos definidos do culto ao Deus Uno, não haveria impedimento a que cada religião reclamasse para si a coroa da odiosidade.

A história dos monoteísmos realmente existentes se encaixa de modo inconfundível em um quadro de contornos nítidos, quando se toma por base essa segunda versão da parábola do anel como um roteiro secreto de filmagem. *De facto* essas religiões protagonizaram, abaixo da superfície da briga pela verdade, uma competição renhida pela odiosidade por uma causa nobre – nesse processo, elas constituíram umas para as outras o público, cuja previsível reação negativa confirmava os êxitos próprios de cada qual. O *ranking* dos candidatos, todavia, apresenta uma mobilidade histórica clara. Ao passo que o judaísmo por séculos pareceu ser o vencedor indiscutível e teve de tolerar as reações correspondentes dos demais, na história mais recente efetuaram-se trocas dramáticas de posição – sem um exame minucioso dificilmente se poderá compreender o desenvolvimento espiritual do Ocidente desde a Renascença. Quando, no século XVIII, os iluministas voltaram sua atenção para as fogueiras da Santa Inquisição e para seus incendiários eruditos, o catolicismo assumiu de súbito a primeira colocação com folga: seus apologistas surgiam agora como obscurantistas dos porões de tortura do absolutismo clerical e professavam o terror como único meio de obrigar as pessoas a aceitar a salvação destinada a elas — ocorre-nos aqui involuntariamente a figura de Nafta, do romance *A montanha mágica*, de Thomas Mann, que seria a encarnação de uma síntese satírica de jesuitismo e comunismo. No decurso do século XX, surpreendentemente houve nova troca de liderança no grupo principal. Da noite para o dia, o islamismo, do qual em geral só se toma conhecimento em nosso país quando são cometidos excessos violentos, assumiu o papel de liderança — o que, pelo menos, indica que sua capacidade de provocação não diminuiu. Ele é seguido a uma boa distância por um cristianismo que, graças a algumas ofensivas demasiado bem-sucedidas para angariar simpatias nas últimas décadas, desperdiçou todas as chances de conquistar o título de religião menos benquista. Bem atrás do grupo principal está hoje o judaísmo, que mal consegue esquivar-se da afluência de seus admiradores oriundos de todos os lugares.

Válido para todas as formas do monoteísmo zeloso é que nem se pode concebê-lo sem a figura do escarnecedor, daquele que recusa a salvação e daquele que por convicção não participa de seus cultos — em suma: sem a sombra do descrente. Por essa razão, de saída tal monoteísmo mostra duas faces. Ele não só se delimita ofensivamente contra os demais cultos, mas também converte a rejeição que experimenta de não participantes em uma de suas motivações – não só isso: ele pressupõe pragmaticamente sua inaceitabilidade para muitos. Com Luhmann, poder-se-ia dizer: ele especula com a rejeição. Para embolsar o lucro, ele se apoia no esquema da exclusão por meio da inclusividade, graças ao qual ele pode afirmar com a consciência tranquila que não é ele que rejeita os outros, mas estes puseram a si mesmos de escanteio quando recusaram sua participação. Ele compartilha essa tática com todos os vanguardismos, que jamais poderiam se considerar vanguarda sem que a maioria fique para trás. Nesse sentido, o monoteísmo de antemão só é possível como *counter religion* [contrarreligião], assim como o vanguardismo por definição sempre representa a *counter culture* [contracultura]. De fato, a resistência dos muitos é constitutiva para a formação da posição monoteísta, e, sem o aborrecimento sempre trazido à consciência do outro não integrável, o monoteísmo não teria condições de conferir às suas tensões internas a intensidade necessária. Não existe universalismo sem paradoxos próprios da teoria dos conjuntos: só se pode convidar a todos quando se tem certeza de que nem todos virão.

O culto monoteísta bem-conformado estabiliza seu tônus por meio da incessante tomada de consciência da heresia em seu interior e do perigo pagão no exterior. É verdade que ele não se cansa de evocar a humildade diante do Senhor, mas a pregação seria incompleta se não fosse complementada pela injunção de que, diante de pagãos e hereges, cabe bem a inflexibilidade altiva. Se temporariamente não for possível encontrar *realiter* uma resistência externa, ela deve ser substituída sem rodeios por provedores de ódio imaginários. Sem o estado de exceção cotidiano provocado pelo inimigo tentador, a vida religiosa altamente instigante voltaria a descambar em pouco tempo para a mais acomodada passividade. Em geral surge nesse campo uma economia de dois inimigos que permite um movimento pendular entre o estressor real e o estressor imaginário. Dela se deriva a concepção dual bastante hodierna do inimigo próximo e do inimigo distante presente no islamismo (no qual o papel do malvado externo recai neste momento sobre os norte-americanos e sobre o Estado de Israel). Apenas o judaísmo conseguiu passar amplamente sem um diabo, dado que tinha seus egípcios e, depois desses, seus canaanitas. A estes se seguiu, desde os reis babilônicos até os racistas alemães, uma longa série de opressores bem palpáveis que pouparam às suas vítimas o trabalho de apenas imaginar o mal.

Via de regra, contudo, em toda parte já se providenciou o adversário não imaginário, dado que a provocação monoteísta cedo ou tarde é espelhada pelos provocados. Inexiste o culto de Aton sem a reação dos sacerdotes de Amun, inexiste o judaísmo sem o desagrado dos demais povos, inexiste o cristianismo sem o ceticismo dos não cristãos, inexiste o islamismo sem a contrariedade dos não islamitas. Os romanos cultos da primeira fase do período imperial já se irritaram de tal maneira com o separatismo dos judeus que lhes colaram a etiqueta de "inimigos do gênero humano" (que Cícero originalmente havia cunhado para estigmatizar os piratas). Até o jovem Hegel ainda observa de modo bem convencional: "Um povo que despreza todos os outros deuses precisa acalentar o ódio de todo o gênero humano".[7] Os monoteísmos posteriores também forneceram aos seus desdenhadores material em profusão para

---

7 Hegel, Entwürfe über Religion und Liebe. *Werke in 20 Bänden*, p.243.

embasar a desaprovação. Em todos os casos, é de se contar com a coevolução de tese e antítese. Como é usual com processos sobredeterminados e reacoplados, também nesse caso a realidade dança conforme a música da estrutura simbólica.

As consequências dessas reflexões para o triálogo das religiões monoteístas são evidentes. Hoje elas precisam demais umas das outras para continuar se combatendo. Para ressintonizar-se da coexistência conflitiva para o diálogo, elas precisam se riscar da lista dos *hate providers* [provedores de ódio], na qual até agora ocupavam umas para as outras o posto principal. Esse gesto só se torna concebível sob dois pressupostos. O primeiro deles é que os monoteísmos moderadamente zelosos devem se unir a médio prazo em uma política exterior comum em relação aos não monoteístas – o que, no futuro, exigiria ocupar o papel dos descrentes com os indiferentes, que não são poucos na Era Moderna, e o papel dos pagãos, por sua vez, com os representantes de politeísmos, cultos meditativos e religiões étnicas, em relação aos quais se tem *a priori* um sentimento de superioridade. Para os defensores dessa posição, ela teria a vantagem de arrefecer a rivalidade e conservar viva a provocação universalista: enquanto na relação interna se passa da missão para o diálogo, na relação exterior seria possível insistir na expansão e na precedência espiritual.[8] O segundo pressuposto é que os monoteísmos se desfaçam, cada um por si, do lado zelote de seu universalismo e se transformem em religiões culturais não

---

8 Elementos de um compromisso histórico desse tipo estão na base da *entente cordiale* entre Habermas e Ratzinger, que surpreende apenas quem não vê que o catolicismo atual e a segunda Teoria Crítica, engajada no plano civil e religioso, cultivam as mesmas imagens do inimigo.

zelosas – como se observa, desde o século XVIII, no judaísmo liberal; desde o século XIX, na grande maioria das Igrejas protestantes; e, desde o Concílio Vaticano II, nas correntes mais liberais do catolicismo romano. Desenvolvimentos análogos são conhecidos do islamismo, sobretudo na Turquia desde 1924, mas igualmente na diáspora ocidental, onde sempre é aconselhável apresentar-se apto para o diálogo. Essa opção não exige nada além da passagem do universalismo militante para um aparente universalismo civilizado – um movimento mínimo que faz toda a diferença. Pode-se identificar os zelotes incorrigíveis no fato de coefetuarem tal guinada apenas taticamente, mas jamais por convicção. Se procedessem assim, abririam mão do privilégio da radicalidade, o único que satisfaz sua soberba. Quem é zeloso até as últimas consequências prefere morrer a ser apenas um partido entre outros.

Quando só resta mais a via civilizatória, é preciso colocar na agenda a transformação dos coletivos zelosos em partidos. Quando se diz partidos, tem-se em mente a concorrência entre eles. Onde esta reina, os candidatos têm de sacrificar suas pretensões de domínio universal, embora não a de superioridade de suas convicções. Ao mesmo tempo, o ato de expor-se à comparação implica conceder que os parâmetros humanos vigoram em seu nível. Inevitavelmente voltam a valer, então, também os critérios de popularidade da humanidade cotidiana e – por que não? – as regras do jogo da cultura de massa que oscila entre sentimentalismo e crueldade. Uma coisa é querer cair no agrado do Deus zeloso. Outra bem diferente é a necessidade redescoberta de, apesar de tudo, cair no agrado das pessoas comuns, sempre ponderando que, na maioria das vezes, elas não gostam de monoteístas zelosos.

Desse modo, retornamos à versão original da parábola do anel. Nessa excursão pela história secreta da impopularidade, descobrimos motivos para conhecer um pouco melhor quem poderia ser o juiz sábio que emitirá o juízo derradeiro sobre os resultados da competição – uma competição que terá sido uma briga dupla por ser benquisto e por ser odiado. A indicação de Lessing de que a prova final ocorrerá "após milhares e milhares de anos" descarta qualquer dúvida sensata de que se está pensando em um julgamento mundial de caráter abrangente. Na ordem do dia desse julgamento não constaria só o apocalipse das almas culpadas, mas também a sentença derradeira a respeito das religiões culpadas. Embora o primeiro árbitro de Lessing fale discretamente de um colega posterior que teria de saber muito mais que ele próprio – o que aparentemente aponta para um ser humano –, a figura do segundo juiz deve ser inequivocamente equiparada a Deus. Mas, nesse caso, de que Deus se fala? O segundo juiz da parábola do anel pode de fato ainda ser o Deus de Abraão, que, como se alega, também foi o Deus de Moisés, da dupla Jesus-Paulo e do profeta Maomé? Deve ser permitido duvidar dessas identidades em dois sentidos, tanto retrospectivamente – porque a equiparação do El de Abraão com o IHVH da religião mosaica, com o Pai da Trindade cristã e com o Alá de Maomé não passa de uma convenção piedosa, mais exatamente um efeito de eco que se produz sob as cúpulas reverberantes da semântica religiosa – quanto prospectivamente – porque toda a história das religiões comprova que, também no interior das tradições monoteístas, o Deus tardio possui uma semelhança apenas remota com o Deus do período inicial.

Desse modo, torna-se incerto se, no momento de emitir a sentença derradeira, o Deus julgador ainda poderá ser o aliado de seus primeiros zelotes. Será que ele próprio permaneceu o Deus zeloso e ciumento? No final da história, sua benevolência para com seus antigos partidários não pode mais ser pressuposta sem mais nem menos, porque ele próprio manifestamente já deixou para trás aquele estágio da ira imatura. Quando muito, ele concederia a seus adoradores – e, por via indireta, a si próprio – circunstâncias atenuantes, desculpando seu zelotismo como uma neurose passageira significativa em termos evolutivos. Os primeiros representantes da monoverdade zelosa podem de fato ter tido motivos legítimos para ofender seus semelhantes e confrontá-los com uma oposição fundamental em nome do totalmente outro. Para o historiador da cultura é perfeitamente compreensível por que o monoteísmo primitivo teve de atacar o ser-assim natural e cultural das pessoas. Era sua missão destruir o enraizamento demasiado seguro no tradicional, sua confiança no mundo que se compraz com imagens, a indefinição moral de suas vidas, para confrontá-las diretamente com o muro vertical da lei. É nesse muro que fracassa a natureza dos filhos do mundo – e a intenção é que fracasse, porque, segundo a convicção dos guerreiros de Deus, a autossatisfação mundana de modo geral deve perecer. Para todo zelote autêntico é evidente que, em um primeiro momento e, se não houver nenhuma interferência, para sempre, os seres humanos só podem ser pagãos – *anima naturaliter pagana* [alma naturalmente pagã]. Sem a colisão com o "verdadeiro Deus" e com seus incômodos mensageiros, eles não lograrão mais que vícios reluzentes. Por isso não se deve deixá-los em paz e é preciso interromper seus hábitos onde for possível. Dado que hábitos pré-monoteístas sempre são de alguma maneira hábitos maus, põe-se na ordem do dia, após a cesura monoteísta, a reeducação do gênero humano. Passa a valer a seguinte sentença: "O Senhor repreende a quem ele ama" (Provérbios 3,12 e Hebreus 12,6). Hegel ainda chama isso de o "ponto de vista superior de que o ser humano é mau por natureza e é mau porque é um ser natural".[9] Segundo a convicção de seus disciplinadores monoteístas, o ser humano não conseguirá ser como deveria sem a oposição punitiva da lei, em outros contextos denominada "ordem simbólica". O dito de Robespierre "quem treme é culpado", que aponta para o futuro, ainda procede inteiramente do espírito dessa pedagogia sublime. Nesta, a punição é considerada uma honra para o infrator. Em um sentido aparentado, Kierkegaard ensinaria: quem quer o bem das pessoas tem de criar-lhes dificuldades.

Tudo o mais resulta da obrigação do escândalo. Por certo é preciso admitir que os adeptos do Deus Uno não facilitaram as coisas para si mesmos nesse tocante. Os povos da afronta, os eleitos, os batizados, os militantes, bem como os analisados, carregaram o peso de seu encargo e ousaram assumir a atividade ingrata de fazer avançar a espiritualização com meios impopulares. Aos seus olhos, o ser humano é uma criatura à qual só se consegue fazer jus por meio de sobrecarga. Ele é o ser que vem a si quando se pede dele mais que o usual entre grandes macacos falantes.

Mas então aconteceu algo com que nenhum zelote do estilo antigo podia contar: o ser humano provocado de repente

---

9 Hegel, Vorlesungen über die Philosophie der Religion II. Vorlesungen über die Beweise vom Dasein Gottes. *Werke in 20 Bänden*, p.253.

começou a aprender mais rápido do que seus provocadores acharam que seria possível. Na Renascença europeia, iniciou-se um ciclo de novas ocupações com Deus e o mundo que leva a transcender os monoteísmos históricos. Os pensadores do século pós-Reforma descobrem o universal, cujo específico foi o monoteísmo. Do ponto de vista da história das religiões, o que se denomina Iluminismo nada mais é que o rompimento dos envoltórios simbólicos que prendem os universalismos zelosos de estilo histórico. Dizendo-o em termos tão paradoxais como se apresenta: o Iluminismo, tornando-se mais consciente de si, não só se distanciou dos monoteísmos historicamente formados, mas ele próprio produziu um monoteísmo de nível superior, no qual alguns artigos de fé universais obtiveram validade dogmática. Entre estes estão a unidade do gênero válida *a priori*, a irrenunciabilidade do Estado de direito, a vocação do ser humano para a dominação da natureza, a solidariedade com os desfavorecidos e a exclusão da seleção natural no caso do *Homo sapiens*. "Iluminismo" nada mais é que a designação comum para o concílio literário permanente, no qual esses artigos são deliberados, promulgados e defendidos contra hereges.

Quem procurar pelo protótipo do fundamentalismo estabelecido desse modo o encontrará no projeto rousseauniano de *religion civile*, como foi exposto em seu escrito de 1758 sobre o contrato social. Ele conferiu forma e conteúdo ao mais rigoroso dos neomonoteísmos – com consequências que vão bem além do que os iluministas da primeira hora foram capazes de enxergar. Com sua formulação, admitiu-se que também a "sociedade" pós-cristã tem de se ancorar em certas intuições morais dos seres humanos. Quem diz "sociedade" também diz implicitamente "religião da sociedade". Quando, após os excessos anticatólicos da Revolução, Napoleão Bonaparte retornou ao catolicismo como religião do Estado dos franceses, ele faticamente o proclamou como nova religião civil e, desse modo, submeteu a "verdade substancial da fé" a uma ironia funcional incurável. Desde então o próprio cristianismo é a religião substituta do cristianismo.

Mas isso não foi o bastante. Seguindo sua própria dinâmica, o Iluminismo prepara sua transição para posições pós-monoteístas. Como não poderia deixar de ser, ele risca a rubrica "Deus" de seu orçamento e aplica os recursos liberados em prol do "ser humano". Mas mesmo que ele avance rumo ao ateísmo, sua estrutura continua, em um primeiro momento, reproduzindo os projetos monoteístas. Em consequência, dificilmente causará surpresa que ele tenha desencadeado um zelotismo imanente que — em razão de sua incapacidade de mostrar clemência — excede o zelotismo religioso em rigor, fúria e violência. É nessa efervescência de um furor pelos mais elevados propósitos humanos que se pensa quando se caracteriza a sequência histórica que vai da dominação jacobina até os desvarios do maoismo como a era das ideologias. Ideologias, no sentido forte do termo, são movimentos que imitam a forma do monoteísmo zeloso em seus projetos de mundo ateístas.

O paramonoteísmo iluminista distancia-se criticamente das religiões históricas, desvelando o universal em todas as concepções de Deus do tipo suprematista pessoal: o novo movimento, sem dúvida, torna-se mais convincente em seu pleito quando coloca em primeiro plano o fato de que os monoteísmos históricos se baseiam sem exceção em projeções; logo, no sentido mais profundo do termo, ainda representam cultos de imagens:

eles convidam as pessoas a entrar em uma relação imaginariamente determinada com o Supremo, também e justamente onde se deu o maior valor possível à ausência de imagens no trato com o *Supremum*. Nesse sentido, Marx tinha razão quando afirmou que o pressuposto de toda crítica é a crítica da religião. A qualidade projetiva do conceito de Deus na esfera dos suprematismos subjetivistas depreende-se da observação elementar segundo a qual, nela, Deus é concebido do começo ao fim como pessoa e chamado de senhor, a despeito de todas as proibições de representação por imagens. A partir desse ponto de vista, exatamente as religiões não icônicas, edificadas sobre a evitação de imagens, a saber, o judaísmo e o islamismo, aparecem como pátrias da idolatria mais ferrenha. Assim como o *Quadrado negro* de Malevich é imagem mesmo como não imagem, a pessoa negra das teologias monoteístas é retrato mesmo como não retrato e é ídolo mesmo como não ídolo.

Mais que nunca é preciso precaver-se da psicologia que tende a derivar até os maiores projetos de pequenos mecanismos no interior de quem faz as projeções. De acordo com ela, o que é pequeno deverá revelar a verdade sobre o que é grande. Os projetos monoteístas, em contraposição, expressam o fato de que os seres humanos, quer queiram ou não, sempre estão de modo totalmente inevitável inseridos em tensões verticais. Eles não só querem projetar-se, por motivos suspeitos, para dentro do maior e do máximo, mas ao mesmo tempo experiências espirituais e desafios evolucionistas os reclamam, muitas vezes contra sua inclinação, para eventos que sucedem em um plano superior. Desse modo, projetos desse tipo efetivam um empuxo para cima, em virtude do qual eles são condenados a superioridade em relação a si mesmos (como esclarece Sócrates na *República*) — mesmo que de fato muitas vezes não saibam o que fazer com essa superioridade.

A frase "o ser humano excede o ser humano infinitamente" já decorre da crise que o universal desencadeia nos monoteísmos históricos. Assim que seu princípio é formulado de maneira suficientemente clara, ele pode ser desvinculado de suas formas tradicionais. A partir daí, a redação ulterior dos programas monoteístas competirá a agências extrarreligiosas: uma das metades do trabalho de formulação é assumido pela grande política, a outra pela grande arte. Agora já podem entrar em cena pessoas que dizem: a política é o destino — e outras afirmarão: é a arte. Desde a virada para o Romantismo, a grande arte significa deslocar a provocação das pessoas pela lei para a obra de arte eminente. Desde a revolução norte-americana, a grande política significa o ingresso do monoteísmo na era de sua encenabilidade artística.

A história de Lessing sobre as cópias indiferenciáveis fala, em sua estrutura profunda, de nada mais que dessas transições. A narrativa das duas réplicas do anel não contém só a mensagem de que maravilhas também provêm de uma oficina; além disso, ela dá a entender sem floreios que a questão da autenticidade se torna irrelevante ao lado do interesse pelos efeitos. Apenas fetichistas incorrigíveis ainda se interessam por originais e garantias de procedência. No mundo da atualidade, em contraposição, o que interessa são exclusivamente os efeitos.

Agora me vejo forçado a apresentar uma terceira versão da parábola do anel, embora tenha acabado de retornar à versão original, na qual a sentença humana cotidiana contribuiria para determinar como será a avaliação das religiões. Por meio da correção adicional, o partido zeloso mais uma vez recebe a palavra. Dessa vez, trata-se de zelotes que saem a campo pelo ser humano contra o ser humano – mais exatamente: em nome do verdadeiro ser humano vindouro contra o ser humano falso historicamente formado.

Na versão mais uma vez renovada da parábola, ouvimos o relato da confecção de um quarto anel, que simboliza um ateísmo político decidido a tudo. Este reivindica realizar a verdade dos três monoteísmos, retraduzindo-a do céu para a terra. Ele entra em cena com o nome de comunismo, cujo radical *communio* repercute a síntese dos povos de Deus mais antigos – Israel, Igreja, *Umma*. Do próprio conceito se depreende a objeção do novo universalismo político contra as etnias históricas que, do ponto de vista da moral vanguardista, só merecem desprezo: somente quem é tolo demais para tornar-se um produtor coletivo, isto é, um verdadeiro ser humano, carrega sua agremiação étnica à sua frente como se fosse a bandeira de um clube. Coisa similar já fora antecipada pelo cristianismo e pelo islamismo. Além disso, a nova fé propaga a tese de que teria comprovado que o fundamento válido de toda etnia de Deus ainda possível reside no gênero humano como tal, em cujo centro estaria, como sua elite miserável e criativa, o proletariado industrial internacional. Por conseguinte, o comunismo reclamou para si por algum tempo a prerrogativa de ser o anel que representou, essencialmente, mais que a mera cópia idêntica de anéis anteriores. Sua confecção só pôde ser empreendida quando, em razão de novos conhecimentos e das correspondentes novas esperanças, o interesse pelos anéis mais antigos começou a se volatilizar.

Nesse ponto, retine o argumento mais forte do comunismo, que, quando explicitado, levará ao núcleo incandescente do pensamento moderno. Quem concede a possibilidade de conhecimentos essencialmente novos admite algo que a metafísica religiosa mais antiga não admitiria por nada no mundo: que a própria verdade passa por uma evolução e que, na sequência dos conhecimentos, se vislumbra mais que meramente uma série casual. Inerente à própria natureza da verdade é não poder ser descoberta toda desde o início, mas consecutivamente, parte por parte, e vir à tona como resultado cumulativamente elaborado de pesquisas de duração indeterminada. O caráter indeterminado da duração da pesquisa é o fundamento ontológico da história.

Dessa reflexão resulta uma nova definição do sentido das religiões da revelação: as escrituras sagradas desse tipo só podem ser legitimadas como interrupções catastróficas ou acelerações extremas da história da pesquisa humana. Ao reportar-se a uma intervenção divina nas investigações dos seres humanos, cada uma delas constitui um órgão da santa impaciência. Elas dizem que a verdade é importante demais para esperar o final da pesquisa. Por mais vetustas que possam parecer hoje essas religiões da perspectiva atual, todas elas são, por sua natureza, chegadas antes da hora, e incumbiram a fé de realizar aquilo que o saber, em seu tempo, ainda não era capaz de fazer por sua própria autoridade.

O próprio conceito "revelação" torna clara essa prematuridade, dado que contém uma afirmação sobre o estado da intelectualidade humana: esta tem de apresentar um nível de desenvolvimento apropriado para poder tornar-se interlocutora de uma revelação de estilo monoteísta, mas deve se encontrar em uma condição não suficientemente desenvolvida a ponto de ainda necessitar de um auxílio de cima. De fato, toda revelação seria supérflua se não transmitisse algo que o espírito humano em seu *status quo* ainda não tivesse condições de explorar por suas próprias forças. Nesse ainda-não está contido todo o significado das religiões da revelação. O que elas têm em comum é a determinação quase golpista de deixar o campo aberto da vida experimental, para correr logo ao fim de todos os experimentos e erros. De acordo com sua posição no processo mundial, as religiões monoteístas históricas devem ser entendidas como apartes petrificados em meio ao acontecimento em andamento da experiência, nos quais experimento e apocalipse coincidem. Elas derivam sua autoridade da determinação com que afirmam falar a partir do verdadeiro fim. Elas encarnam a tentativa de, em meio ao experimento mundial, antecipar o resultado de tudo que uma vida de aprendizado algum dia poderá alcançar – pelo menos em sentido moral e escatológico. Com esse risco cai ou se mantém em pé sua existência, exclusivamente nele repousa sua legitimidade.

Desse modo, as religiões da revelação não só tendem a desvalorizar tudo o que até aquele momento foi conhecido e alcançado à condição de um prelúdio mais ou menos inútil – esse é o sentido de sua polêmica antipagã em parte fanática (cujos exageros mais tarde precisam ser corrigidos por recuperações retroativas do assim chamado desvalorizado, mas na verdade frequentemente superior e indispensável; basta pensar na filosofia grega e nos resultados das ciências pré-cristãs e pré-islâmicas) –; elas, ademais, negam a possibilidade e a inevitabilidade de novos achados da verdade, casos estes cheguem a resultados que acarretem revisões no texto das Escrituras sagradas. Por essa razão, tais religiões devem ser compreendidas, como foi dito, apenas como veículos do açodamento – e sua avaliação pende do fio de seda da pergunta se é possível mostrar que existem antecipações resistentes a todas as tentativas de revisão – e que tais antecipações perfazem sua substância. Se fosse possível encontrar uma justificação convincente da classe dos teólogos de todos os matizes monoteístas, isso só aconteceria mediante o esclarecimento de sua atividade propriamente dita: é seu ofício impedir a ultrapassagem das revelações pelo novo que vem depois, sempre renovando a atualidade inacabada do aparentemente ultrapassado. Os eruditos de Deus só estarão em condições de sustentar sua posição se puderem tornar plausível em que sentido os textos sagrados de fato contêm prognoses parcialmente alcançáveis, mas jamais ultrapassáveis do definitivo.

Dessa reflexão resulta uma nova versão, um pouco mais técnica, do conceito "revelação". Um conceito reformulado de revelação explicita as bases da relação entre o conteúdo revelado e o tempo de aprendizado em processamento continuado dos coletivos inteligentes. Do ponto de vista da lógica do processo, revelação significa alçar um preconceito à condição de juízo definitivo. Ela vincula um símbolo da esfera relativa com o nível do absoluto. Tal operação exige a substituição do conceito clássico da eternidade pelo da velocidade absoluta. Logo, o termo "revelação" implica uma aceleração do conhecimento à velocidade absoluta. Ele postula a sincronização do entendimento humano com a inteligência transrápida de Deus. Exclusivamente aí é que preconceitos e juízos definitivos poderiam coincidir. Assim, uma escritura sagrada nada mais seria além do recipiente de afirmações definitivas e dignas de confiança que ultrapassariam todos os conhecimentos desenvolvidos em velocidades relativas. Contudo, mesmo em uma escritura desse nível, as poucas sentenças que não podem ser ultrapassadas estão cercadas de numerosas sentenças potencialmente ultrapassáveis e de fato ultrapassadas. A diferença entre as sentenças fortes e as sentenças fracas de um *corpus* sacral cria um espaço de manobra para adaptações da fé ao dia e ao século.

Diante desse pano de fundo, é possível esclarecer uma vez mais a importância filosófica do projeto que se chamou comunismo. Por sua qualidade dogmática, ele consistiu na ab-rogação de todas as sentenças proféticas anteriores e sua reformulação em uma linguagem do real – sendo que esta foi concebida de modo duplo: por um lado, como produção econômica, como metabolismo do ser humano com a natureza; por outro, como práxis política, como apropriação do humanamente possível pelo ser humano real. Aqui as expressões "ser humano real" e "revolucionário" se tornam sinônimas. Assim, o cajado do profetismo teria sido passado de Moisés para Jesus, de Jesus para Maomé, de Maomé para Marx. Marx teria rompido com a limitação religiosa de seus predecessores e pretendido pôr um fim às formas mistificadas de revelação como um todo. Ele teria intimado as verdades das religiões a comparecer diante das barras das ciências mundanas e das paixões proletárias. Ele lhes teria concedido, como compete a um juiz justo, ser o "ânimo de um mundo sem coração",[10] e não obstante teria revogado a maior parte de suas afirmações, para colocar em seu lugar uma práxis política que milita em prol do ser humano real.

---

10 Marx, Crítica da filosofia do direito de Hegel: Introdução. In: _____, *Crítica da filosofia do direito de Hegel*, p.145-56. (N. T.)

Por conseguinte, o quarto anel só indiretamente pode ser comparado com os anéis mais antigos. Quando muito, seria possível dizer dele que, para sua fabricação, os outros três foram derretidos a fim de assumir o melhor da substância moral de cada um. Sua pretensão de validade superior resulta da tese de que sua confecção não acontece mais sob a lei da projeção religiosa, mas advém, muito antes, da noção que se obteve da essência produtiva do ser humano. O profeta do quarto anel postulou um mundo no qual todos os seres humanos se tornariam produtores livres de seus destinos, tanto do individual quanto do coletivo.

Foi exatamente essa exigência que, por princípio, necessariamente ficou sem ser cumprida nas esferas de influência das religiões anteriores, dado que nelas sempre houve classes de pessoas, as chamadas dominantes, que impediam a grande maioria das demais pessoas, as chamadas oprimidas e espoliadas, de exercer a livre autoprodução e autoapropriação. Ironicamente também o clero das três religiões do anel, sobretudo o alto clero fortemente feudalizado no cristianismo, teve de ser somado às classes opressoras, de modo que dele não se poderia esperar nenhuma ajuda direta para os interesses da emancipação geral. Não foi por isso que até mesmo a Reforma evangélica se revoltou contra a soberba da Igreja romana dominante? E não foi por isso que, ainda em meados do século XX, o teólogo Martin Dibelius viu razões para caracterizar a igreja como "guarda-costas do despotismo e do capitalismo"? É compreensível que a destituição do clero espoliador deva ser declarada como pressuposto elementar da realização das profecias mediante as quais os portadores do quarto anel pretendiam cair no agrado das pessoas. No entanto, para conferir validade a essa "religião do ser humano" (aplicando uma formulação de Rousseau ao comunismo), não houve como evitar que o agradável fosse precedido pelo pavoroso. Apenas uma coisa era certa para os zelosos pelo ser humano: enquanto os donos dos anéis do modelo antigo exercerem seu domínio sobre as almas, o ser humano, em vez de ultrapassar infinitamente o ser humano, ficará infinitamente aquém de si mesmo.

Por conseguinte, os comunistas trabalharam no desdobramento de um suprematismo antropológico de tendência resolutamente antirreligiosa. Nesse empreendimento, seria possível e obrigatório blasfemar contra o Supremo imaginário em nome do Supremo real. Toda blasfêmia efetiva significava uma transposição do "existente" na direção do excesso libertador. Esse é o sentido da "paixão pelo real" [*passion du reel*] que, de acordo com uma observação clarividente de Alain Badiou, caracterizou o século XX.[11] Na dicção dos zelosos pelo ser humano, o movimento com o qual o ser humano fixado no nível inferior deveria alcançar a si mesmo como ser humano potencialmente supremo se chamou revolução. Contudo, porque a revolução representou a tradução da revelação para a práxis política, ela compartilhou com esta o risco do açodamento. Também ela quis, em meio ao experimento da geração de riquezas, sem levar em consideração a madureza das relações e a validação dos meios, forçar resultados que não poderiam

---

11 Badiou, *Das Jahrhundert*. O autor enfraquece seu reconhecimento por meio de juízos errôneos grotescos, por exemplo quando ele, na postura de um sacerdote impenitente da revolução, defende as ações de morticínio em grande escala de Stálin e Mao. Cf. uma resposta parcial ao livro de Badiou em Sloterdijk, *Was geschah im 20*. Preleção em Estrasburgo no dia 4 mar. 2005.

mais ser ultrapassados pelas condições posteriores do curso do mundo.

O resto da história é conhecido. Após alguns êxitos de conversão iniciais, o quarto anel trouxe ao seu portador, no decorrer de poucas gerações, uma repulsa quase incondicional, sem que, para compensar isso, conseguisse cair no agrado de Deus. A odiosidade do que aconteceu sob o nome de comunismo ficou demonstrada ao extremo para o juízo humano normal – e quando às vezes ainda se ouve a opinião de que os horrores praticados pelo outro lado teriam sido maiores que os horrores do comunismo, é principalmente porque os respectivos círculos resistem ao descabimento de tomar ciência dos fatos: com mais de 100 milhões de vidas extintas, o desempenho dos sistemas comunistas em termos de aniquilação de seres humanos é muitas vezes maior que o do hitlerismo, que, por razões compreensíveis, recebeu o predicado de mal absoluto. Impõe-se a pergunta se um mal coabsoluto há muito não deveria ter sido inscrito na consciência universal.

Para a maioria dos contemporâneos, permaneceu obscuro em que medida, nos dramas soviético e chinês, foi encenada uma paródia da história das religiões desde a cesura no Sinai. A convocação de Moisés: "Mate cada qual seu irmão, seu amigo e seu vizinho" evidentemente só foi seguida nas relações mais amplas pelos ideólogos da humanidade do século XX. Foi preciso esperar pelo mono-humanismo para vivenciar como brotariam as sementes híbridas do monoteísmo. A lição dos episódios inauditos não seria facilmente esquecida: se já é difícil entusiasmar pessoas pelo Deus que as sobrecarrega, mesmo que seja para seu próprio proveito, é totalmente impossível converter pessoas em zelosos pelos seres humanos, a não ser em momentos de histeria – muito menos usando os métodos com os quais os comunistas russos e chineses quiseram alcançar seus objetivos.

Assim, retornamos pela segunda vez à versão original da parábola do anel e, dessa vez, se não estivermos totalmente enganados, para ater-nos definitivamente ao seu teor literal. Na situação pós-comunista, as pessoas começaram a compreender que não têm como não coparticiparem no júri de avaliação das religiões universalistas e seus derivados políticos. Tendo em vista a catástrofe do comunismo, chegou a hora de proferir uma sentença em meio ao tempo, e a sentença sobre os zelosos pela humanidade estará irrecusavelmente sob o risco da prematuridade – como já é o caso da revelação e da revolução. O veredito dos jurados nada deixa a desejar em termos de clareza: ele ab-roga a revolução que foi um retrocesso e seu voto vai para o mal menor, os quais se chamam Estado de direito liberal, democracia e capitalismo. Pode ser admitido sem mais que desse modo possivelmente não se tenha alcançado um resultado final válido para todos os tempos. No entanto, o resultado provisório já é significativo por si só. Assim que se aceita sua validade, pode ser posto em marcha, à sombra dos excessos praticados, aquilo que finca as balizas para todo o futuro possível de ser vivido: o aprendizado civilizado visando a uma existência de todos os seres humanos no horizonte da obrigatoriedade universalmente válida de compartilhar um único planeta.[12]

---

12 Cf. Latour, La Terre est enfin ronde. *Libération*, 1º fev. 2007, p.28, em que o autor, acolhendo o conceito "monogeísmo" proposto por mim, formula um princípio de realidade para a era global. "Monogeísmo" é uma expressão meio satírica, com a qual se pretendia caracterizar tan-

Dado que a rejeição dos princípios, dos métodos e dos resultados comunistas atingiu um alto grau de generalidade – excetuando casos esparsos de incorrigibilidade maligna –, os jurados podem voltar sua atenção novamente para o projeto de civilização, que havia saído de sua cadência em virtude dos atropelos totalitários. Ao mesmo tempo, torna-se evidente o quanto a relativa lentidão e a aparente trivialidade do projeto secular de mundo multiplica o mal-estar na civilização. Por essa razão, as religiões tradicionais têm nova afluência de público. Não são poucos os de ontem que agora estão em alta e até constatam com satisfação que se foram os tempos em que se pensou que a crítica da religião seria o pressuposto de toda crítica. Eles desfrutam do clima em que a cessação da crítica da religião parece soar o sinal para o fim de toda crítica.

Nesse ponto, é preciso fazer uma diferenciação delicada. As religiões históricas recuperaram sua reputação em vários aspectos por duas razões totalmente distintas, cuja legitimidade atinge, em cada caso, consideráveis profundidades, embora se excluam mutuamente – não quero decidir se de forma temporária ou para sempre. Para o primeiro grupo de interessados, tanto

---

to a premissa quanto o resultado da globalização terrestre, a tomada de posse da Terra pelos europeus pela via náutica. (Cf. Sloterdijk, *Im Weltinnenraum des Kapitals*, p.252.) Sem a fé dos marinheiros na Terra navegável, não teria sido possível erigir o sistema mundial moderno. A expressão diz que o número um é absolutamente vinculante só no que se refere à Terra, ao passo que permanece problemática no que se refere a Deus – o valor numérico para Deus oscila entre zero e um, podendo chegar até três e ao símbolo para muitos. Daí resulta que o monogeísmo em comparação com o monoteísmo representa o objeto cognitivo mais estável.

a religião tradicional quanto a religião ressintetizada voltaram a ser e continuarão sendo o que sempre foram: um *medium* de autocuidado e de participação em uma vida mais universal e mais elevada (em termos funcionais: um programa de estabilização do sistema imunitário pessoal e coletivo-regional com meios simbólicos). Para o segundo círculo, continua sendo a guardiã das provocações morais inacabadas que pretendem aprimorar a formação do membro comum do gênero para que se torne um "ser humano universal" – consciente de que expressões como judeu, cristão, islamita, comunista e super-homem proveem nomes em parte problemáticos, em parte falsos para o "ser humano universal" (deixo de tratar a questão se "ser humano universal", por seu turno, é uma designação problemática ou falsa para a forma de existência do indivíduo competente na "sociedade mundial").

A situação pós-comunista implica oportunidades para ambos os lados: para os membros do primeiro grupo, porque podem voltar a preocupar-se – sem ser incomodados pelos coletivos totalizantes – com sua integração pessoal, em termos mais técnicos: com a regulação de sua economia psicossemântica; para os do segundo grupo, porque agora estão livres para, sob claves trocadas, dedicar-se à questão se ainda há uma via não açodada de generalização das capacidades do ser humano para a liberdade. Também poderíamos formular o enigma assim: será que o comunismo deixou um testamento secreto a ser encontrado e aberto pelos pósteros?[13] De fato, o problema que foi associado aqui com o quarto anel continua sendo a

---

13 Groys, *Das kommunistische Postskriptum*.

grande interrogação de nosso tempo. Não há a menor dúvida de que a produção do "ser humano universal" pela política do açodamento falhou, mas isso de modo algum torna mais aceitável seu oposto, ou seja, a existência meramente vital, reduzida a um ponto, dos seres humanos nas zonas de bem-estar destituídas de espírito. O novo interesse pelas grandes religiões explica-se, acima de tudo, pelo fato de que, após o autodesmentido da política da humanidade de cunho comunista e socialista, o que se tem, num primeiro momento, são só os códigos religiosos tradicionais, quando se busca por formas abrangentes da consciência de uma primeira pessoa do plural – pelo menos enquanto não se dispuser de formulações transculturalmente convincentes de uma teoria geral da cultura.

Registremos o seguinte: o júri que delibera sobre o êxito das religiões zelosas é forçado, no curso de seu trabalho, a perceber a grave falta de critérios para avaliar os universalismos exclusivos, sejam eles codificados em termos religiosos ou seculares. Por essa via, chega à ordem do dia um programa de explicitação que, ao lado da filosofia, da teologia e da ciência da religião, promove o engajamento sobretudo da teoria da cultura. Caso seja correto dizer que, no estágio atual da civilização, as pessoas foram levadas à situação embaraçosa de serem obrigadas a proferir juízos definitivo-provisórios sobre resultados definitivo-provisórios do aprendizado histórico, incluindo os *shortcuts* [atalhos] para a eternidade, disponíveis na forma das religiões da revelação, o mínimo que se pode fazer é facilitar sua tarefa por meio de auxílios para o juízo que correspondam ao estado da arte.

Nesse ponto, uma dialética maldosa providencia que as facilitações tenham o efeito de dificultações. De qualquer modo, é possível orientar-se na suposição inicial, segundo a qual ferramentas intelectuais como a geometria euclidiana, a lógica aristotélica, os Dez Mandamentos e o jejum no mês de Ramadã, que há milênios comprovam sua eficácia, bem ou mal contêm alguma coisa definitiva. Na condição de módulos da verdade para situações simples do tipo lógico e moral, essas normas não podem ser ultrapassadas. Em outro sentido, contudo, já faz tempo que elas vêm sendo continuamente ultrapassadas – de modo nenhum pela simples revogação, mas no *modus* da inserção do elementar em padrões mais complexos. O desenvolvimento das geometrias não euclidianas, das lógicas não aristotélicas, das éticas não decalógicas, deixa claro de que modo o espaço de aprendizagem do mundo está aberto para cima. Dessa série faz parte também a ciência dietética não ramadânica, graças à qual as mulheres islamitas na Turquia e em outros lugares descobrem como remediar o aumento de peso, quase inevitável durante o mês de jejum, em virtude dos fartos banquetes ao pôr do sol.

8
Pós-zelo

Após a derrocada do comunismo, a questão do monoteísmo não amainou. A implosão do movimento que foi tratado aqui como a quarta forma do universalismo militante redirecionou a atenção para os monoteísmos históricos – e estes se beneficiaram mais ou menos discretamente do momento favorável. Ao mesmo tempo, ela criou os pressupostos para uma nova série de investigações críticas da religião, de cujo alcance o público mais amplo ainda não sabe muita coisa. Essas investigações fazem o contraponto às teses onipresentes sobre o "retorno da religião". Elas também voltam a articular com o devido embasamento e a devida minuciosidade (após os enfoques interrompidos de crítica ao fanatismo do século XVIII) os efeitos polemogênicos do zelotismo monoteísta, a intolerância e o ódio contra a alteridade como tal. A seriedade do debate decorre da suspeita, aliás amplamente justificada, de que os atos de violência de responsabilidade do cristianismo e do islamismo não foram meras perversões que falsificaram a essência dessas doutrinas religiosas em si benignas; elas representaram, muito antes, manifestações de um potencial polemogênico inseparável de sua constituição.

Nessa situação, as ciências culturais voltam a ser assunto. Com seus notáveis livros *Moisés, o Egípcio* e *A distinção mosaica*,[1] o egiptólogo Jan Assmann não só provocou uma discussão intensa em nível mundial sobre os custos psico-históricos de pretensões de verdade monopolistas nos desenvolvimentos pós-mosaicos da religião, mas, além disso, com sua concepção de "contrarreligião" [*counter religion*], disponibilizou um novo conceito de alto potencial interpretativo para uso da ciência religiosa e da ciência cultural em geral. Ao que parece, contudo, correspondendo ao sentido próprio de seus temas, Assmann atualizou apenas uma parcela do teor possível de sentido dos conceitos cunhados por ele. Ele apresenta, por um lado, o culto monoteísta de Aton introduzido pelo faraó Aquenáton no século XIV a.C. como primeiro caso de contrarreligião explícita para, em seguida, por outro lado, proceder à demonstração fascinante de como seguiu-se a esse protótipo episódico, na forma do monoteísmo mosaico, o primeiro modelo de contrarreligião que passou pelo teste da história – com custos que, como se sabe, foram altos para o povo que o sustentou. Em razão da natureza esquiva do objeto, não é possível destrinçar inteiramente as relações entre o prelúdio de Aquenáton e o ato de Moisés. Para elucidá-las, a ciência cultural tem de consolidar-se como arte da comprovação indireta e operar em uma penumbra de história da influência, história dos motivos e história da memória. Uma complicação especial resulta das

---

1 Assmann, *Moses der Ägypter*; bem como *Die Mosaische Unterscheidung oder Der Preis des Monotheismus*.

relações cronológicas, em razão das quais não é mais possível sustentar sem mais nem menos a identificação especulativa de Moisés com um sacerdote da religião atonista, defendida por Sigmund Freud. O virtuosismo com que Assmann se desincumbiu de sua missão contribuiu consideravelmente em voltar a sensibilizar para as questões da teologia política a reflexão contemporânea sobre as condições de estabilidade das culturas.

As respostas provocadas pela iniciativa de Assmann falam uma linguagem clara, devido ao alto nível da argumentação e à pluralidade das perspectivas. Elas provam nada menos que as ciências da Antiguidade estão trabalhando para reconquistar seu *páthos* político-cultural que pareceu ter se perdido desde o declínio do paradigma humanista de formação e a marginalização dos estudos de filologia antiga após 1945. Porém, ao passo que a luta cultural europeia chamada Renascença, que durou do século XV até o século XX, foi travada principalmente no *front* entre o helenismo que avançava e o cristianismo que retrocedia, hoje volta a ganhar visibilidade um *front* mais antigo, simultaneamente mais radical e mais intrincado, entre o egiptismo e o judaísmo.

A intervenção de Assmann descreve e apoia uma mudança de paradigmas que leva ao deslocamento de acento de uma Renascença helenocêntrica para uma Renascença egiptocêntrica. Dado que Renascença representa uma forma polêmica de comparação cultural que não se efetua somente nos campos da filologia, da epistemologia e da arte, mas também envolve em uma competição sobretudo as teologias dos antigos e dos novos, compreende-se de imediato que um "renascimento" declarado provoca as mais fortes tensões críticas. Tal renascimento jamais conseguirá obter validade a não ser à custa das culturas hospedeiras. A ideia de um renascimento do antigo implica a demanda pelo direito ao retorno de ideias, artes e virtudes banidas e esquecidas – e tal direito só pode ser reclamado e concedido se puderem ser questionadas com razões convincentes as pretensões da cultura posterior de ser a cultura mais completa em todos os sentidos. Isso aconteceu de modo exemplar na Europa a partir do século XIV, quando filólogos, artistas, engenheiros e cientistas da incipiente Era Moderna formaram um *front* para defender o direito à renovação das culturas sapienciais e das artes gregas contra as insuficiências do saber cristão sobre o mundo e da capacidade artística cristã. Da tomada de partido de inúmeros eruditos e artistas pelo direito ao retorno das ideias antigas surgiu a civilização da Europa moderna, que deveu sua riqueza sobretudo à sua constituição bipolar de cultura dupla oriunda de fontes judaico-cristãs e heleno-humanistas.

Em analogia aos eventos que tiveram início no século XIV europeu, deve-se perguntar hoje se estão dados os pressupostos para uma importação de ideias de uma Antiguidade ainda mais profunda e, caso se consiga apurá-las positivamente, em que consistem. Nesse processo, seria preciso examinar em que medida motivos egípcios devem desempenhar algum papel – como sugere Assmann com elã ético liberal e vasta erudição. Para que se possa dar uma resposta a isso, será preciso examinar a concepção da contrarreligião em seu alcance ainda não cabalmente elucidado. Já na argumentação de Assmann ela não serve só à caracterização *ad hoc* da cesura que irrompeu no mundo dos antigos politeísmos primeiro pela via da catástrofe de Aquenáton e depois pela via do judaísmo mosaico. Ao contrário, ela abrange um tipo historicamente muito atuante de religiões zelosas polemizadoras, cujos efeitos até hoje desdobram uma virulência ambivalente, em parte salutar, em parte destrutiva. Sua avaliação é indispensável na hora de apurar se está presente um autêntico motivo renascentista favorável às formações religiosas mais antigas excluídas pelas contrarreligiões.

Nesse ato, o olhar corre da contrarreligião antiegípcia, anticananeia e antibabilônica dos judeus para a contrarreligião múltipla dos cristãos, na qual se congregaram características antirromanas, anti-helênicas, antijudaicas e antipagãs. Além disso, ele se volta para a contrarreligião dos islamitas que unificou em si, acima de tudo, motivos de protesto antipoliteístas, mas também em parte anticristãos e antijudaicos. Ao lado disso, o Iluminismo burguês do século XVIII – sobretudo as correntes zelosas da Revolução Francesa, com seu culto totalitário à razão e à virtude – manifestou inequivocamente traços antirreligiosos em parte com direcionamento anticatólico e antifeudal. Ademais, não há dúvida de que o ateísmo militante do movimento comunista trazia todas as características de uma contrarreligião zelosa baseada na rejeição da maior parte das tradições culturais anteriores a ele. Nesse processo, sobretudo a assim chamada burguesia se converteu em paganismo do comunismo. Até mesmo os movimentos fascistas entraram em cena episodicamente como contrarreligiões nacionalistas-apocalípticas, sendo que seu tom era dado por um zelotismo antissemita, anticristão e anticapitalista. Desse modo, grandes trechos da história ocidental da fé e das ideias são coextensivos com as campanhas das contrarreligiões, cujo estandarte suprapartidário, em cada caso, pode ser encontrado na união de combatividade e pretensão à verdade, que incita a intolerância.

Creio que o problema a que aludo aqui, seguindo o estímulo de Assmann com o slogan de uma Renascença sob o signo do Egito, foi caracterizado com suficiente clareza para possibilitar uma compreensão provisória. Ele implica uma comparação cultural, na qual as culturas de intolerância do Oriente Próximo e da Europa teriam de confrontar-se com o direito de retorno de uma cultura esquecida e reprimida de tolerância do tipo egípcio (potencialmente também do tipo mediterrâneo e indiano) – e isso não só em sentido ético, mas também no plano da ontologia e no da cosmologia. Para o complexo virtualmente passível de *renaissance* (ou, pelo menos, necessitado de rememoração) Assmann propôs a expressão "cosmoteísmo". Ela designa um projeto religioso de mundo que, em razão de suas qualidades interiores, sobretudo através do princípio das múltiplas explanações do Supremo, impede a gênese de unilateralidades zelotes.

É evidente que de modo nenhum se pode falar hoje de um renascimento dos deuses egípcios, nem em sentido literal nem metafórico – ademais, na imagem de mundo da modernidade, não estão mais dados os pressupostos para a forma de pensar e de vivenciar da divindade do cosmo. Em termos globais, em lugar nenhum consta na agenda um retorno seriamente pretendido para padrões politeístas de estilo antigo. Entretanto, sob o lema "Egito" pode tratar-se da recordação ativa de um clima religioso mais ameno, no qual as substâncias tóxicas da declaração de inimizade a cultos alternativos, sobretudo às religiões que adoram imagens, ainda não haviam sido despejadas no ambiente.

Haveria boas razões para objetar que a Renascença aqui denominada egiptocêntrica há muito já teria acontecido. De fato, o renascimento da Antiguidade entre os europeus não se contentou com a retomada de padrões gregos e romanos. Quase desde o começo, os paradigmas egípcios também chamaram a atenção dos eruditos europeus, que desde o final da Idade Média quiseram aprender uma segunda língua para a necessidade metafísica. Sua fascinação pela cultura do Nilo atingiu um grau tão elevado que seria considerada incompleta toda história da cultura da Era Moderna que não incluísse, com a devida minuciosidade, o universo dos hieroglifófilos, do egiptósofos e dos faraomaníacos. Especialmente o Iluminismo maçônico lançou mão do acervo egípcio para satisfazer sua demanda por símbolos a fim de trajar uma religião pós-cristã da razão e da tolerância.[2] Decisiva nessas reanimações não foi a ambientação exótica, mas a vista para um paradigma sapiencial antigo-novo capaz de solapar as bases do fanatismo religioso de cunho monoteísta-exclusivo.

Ironicamente, a suma da Renascença liberal e cosmófila não foi redigida nem na língua do egiptismo nem na do helenismo. Foi Friedrich Nietzsche que, com seu poema didático *Assim falou Zaratustra*, 1883-1885, tirou as consequências filosófico-religiosas da crítica moderna da intolerância. Ele não só resumiu nessa obra – apostrofada por ele mesmo como uma espécie de "quinto 'evangelho'"[3] – uma corrente da história europeia das ideias, que recentemente foi chamada de a "Renascença de Zoroastro",[4] mas, além disso, forneceu o primeiro modelo de uma contracontrarreligião formulada de

---

2 Id., *Die Zauberflöte*.
3 Sloterdijk, *Über die Verbesserung der guten Nachricht*.
4 Stausberg, *Faszination Zarathustra*, p.35-579.

A até Z. Com ela começa a era do antizelo esclarecido, que é melhor caracterizar como pós-zelo. Seu artigo central de fé é a superação do esquematismo binário ou dualista, que, como descrito anteriormente, abriga dentro de si a premissa lógica de todo zelotismo de tendência monoteísta. A escolha da figura de Zaratustra no papel de arauto de uma cultura sapiencial pós-monoteísta expressa a reflexão de Nietzsche de que o primeiro dualista seria o mais qualificado de todos para expor o ponto de vista pós-dualista – o primeiro a errar é o que mais tempo tem para se corrigir.

Por isso, Nietzsche visualizou a distinção zoroástrica mais que a mosaica – caso contrário, deveria ter dado ao seu manifesto de libertação contracontrarreligioso o título de *Assim falou Moisés*. Quanto ao tema, o novo Zaratustra deveria falar também por um novo Moisés. Nietzsche projetou, pela boca do grande persa – que em tempos idos foi considerado contemporâneo do líder judeu –, um programa terapêutico-cultural que visava pôr fim ao abuso metafísico dos números um e dois. Em forma elaborada, a intervenção de Nietzsche contra a metafísica clássica e a ideologia do Uno dominante teria resultado em uma crítica da razão perspectivista com intenção pluralista – ele legou alguns capítulos desta sob o título experimental de *A vontade de poder*, que não passa de um esboço. À aclaração lógica fundamental associa-se em Nietzsche um sólido projeto psico-higienista, dedicado à desconstrução do ressentimento gerador de metafísica. Faz parte disso a desconstrução do furor transcendental e de toda forma de ultramundanismo, cujo preço é a traição à vida imanente. Nesse empreendimento, o autor investiu suas melhores energias críticas à civilização, que pretendiam tornar verdadeira a sentença "o filósofo é o médico da cultura".

A crítica de Nietzsche ao ressentimento apoia-se no argumento que faz uso do esclarecimento psicológico sobre deslocamentos afetivos. Em todas as formas de zelotismo metafísico-religioso, o diagnosticador pensa poder comprovar uma pulsão criptossuicida rumo a um mundo transcendente, no qual compreensivelmente gostariam de ser bem-sucedidos aqueles que fracassam diante dos fatos imanentes. Desse modo, o zelotismo é definido, com base em seus aspectos vitais e energéticos, como sintoma patológico. Quando o olhar para o alto se converte em fixação maligna no além, o que se impõe sob a máscara do idealismo religioso é o niilismo – isto é, a compulsão de propagar depreciações. O nome de Deus se apresenta, então, como pretexto de um desejo de extermínio que se translada de dentro para fora. Na tentativa de livrar-se de si mesma, a alma enferma também quer impedir que o mundo com o qual se deparou continue a existir.

Diante desse pano de fundo, é preciso fazer, nas religiões monoteístas, uma distinção importante em termos de diagnóstico: há uma diferença grande entre lidar com as formas convencionais, atenuadas e crônicas da doença do mundo que se encarnam nas Igrejas nacionais conviviais e se coadunam com as alegrias da longevidade e até com certo secularismo – como se vê desde tempos antigos no catolicismo popular italiano –, ou topar com suas configurações exacerbadas, cujos portadores em pouco tempo querem forçar uma decisão definitiva pelo bem e pelo além – em perspectiva atual, deve-se lembrar aqui sobretudo as hiperativas seitas protestantes do Doomsday nos Estados Unidos e seus parceiros do pensamento escatológico islâmico estimulado pela cultura pop. Nos últimos casos, a metafísica sossegada da memoração se transforma em convocação para a guerra santa. A meditação edificante é substituída pelo ativismo acerbo e, em vez da paciência religiosa com as imperfeições do eu dos outros, o que se destaca é o zelo em cenários messiânicos e apocalípticos.

Do ponto de vista de Nietzsche, essas dramatizações nada mais são que pretextos pomposos, inventados pela impaciência mórbida de romper o mais rápido possível com a realidade. Elas atuam como atiçadoras do fogo em fogueiras suicidas. Os roteiros de filmagem apocalípticos para os últimos dias da humanidade mostram com bastante clareza como dinâmicas suicidas e mundicidas estão imbricadas. Neles, o *secundum non datur* tem sua explicitação teatral.[5] Quem entrou no túnel apocalíptico perde o horizonte de vista e, com este, ao mesmo tempo o sentimento de participação em um meio ambiente conformável. Nesse grau tão alto de estranhamento, não sobra nenhum vestígio de responsabilidade pelo que subsiste. A partir daí, só o que conta é a hipnose com que os ativos se preparam para o ocaso na escuridão sagrada. Em vista desses afunilamentos monomíticos, a divisa de Zaratustra nada perdeu de sua atualidade. No início de um século XXI revolvido pela nova religiosidade, a exortação para permanecer fiel à Terra e para internar em um *spa* os narradores de fábulas sobre o além soa ainda mais oportuna que no final do século XIX.

Contudo, se aplicarmos as observações de Nietzsche aos atuais focos de perigo, evidencia-se que, por mais valiosos que sejam para a análise histórica, seus instrumentos diagnósticos captam apenas uma pequena parte dos fenômenos. O furor dos zelotes escatológicos cristãos, judeus e islâmicos de nossos

---

5 Cf. anteriormente, p.124.

dias certamente oculta com o véu religioso também um cansaço do mundo e da vida. Do mesmo modo que, entre criminosos desesperados, há o esquema de jogo decisivo do *suicide by cop* [suicídio pela polícia], é muito provável que se encontre, entre alguns combatentes escatológicos, o modelo do *suicide by Antichrist* [suicídio pelo Anticristo]. Contudo, a grande maioria dos muitos milhões que hoje fazem fila na entrada do último túnel não mostra nenhum sintoma de morbidade pré-suicida, mas um represamento de ódio pseudorreligiosamente canalizado. Sobre tais energias o tão evocado diálogo das religiões, a princípio, não consegue exercer na prática nenhuma influência. Diálogos inter-religiosos só trariam bons resultados se, em sua sequência, toda religião organizada limpasse a sujeira acumulada diante da porta apocalíptica de sua própria casa. Nesse ato, os moderados observarão que seus respectivos zelotes e guerreiros escatológicos, via de regra, são ativistas apenas superficialmente instruídos, para os quais a ira, a ressentimento, a ambição e a busca por razões para indignar-se precedem a fé. O código religioso serve apenas para pôr em texto uma tensão furiosa existencial, socialmente condicionada, que urge uma válvula de escape. Somente nos casos mais raros será possível atuar sobre ela com exortações religiosas no sentido de abafá-la.

O que parecia ser uma nova questão religiosa é, na verdade, a repetição da questão social no nível de uma biopolítica global. Não há como se acercar dela nem com uma religião melhor nem com intenções melhores – deviam saber disso os europeus que se lembram das agitações políticas não raro messianicamente trajadas do século XIX e do início do século XX. Os instrumentais da hora são o esclarecimento demográfico[6] – como

---

6 Heinsohn, *Söhne und Weltmacht*.

crítica da superprodução tanto ingênua quanto estratégica de seres humanos – e uma política atualizada de desenvolvimento, que exporta o saber sobre a geração e distribuição da riqueza também para os países que, até o momento, estiveram fechados por conta de pobreza, ressentimento e maquinações de elites perversas. Os monoteísmos nada sabem de ambos – pelo contrário, tanto em um *front* quanto no outro, eles são suspeitos de ser contraprodutivos.

Nessa situação, as religiões racionais, que fizeram a transição para seu respectivo estágio pós-zelo, devem buscar a aliança com a civilização secular e suas coleções teóricas nas ciências culturais. Somente dessa aliança se poderá extrair as forças, cuja formação e aclaração se fazem necessárias para neutralizar os diretores de filmagem apocalípticos. Para isso, devem ser criados terminais simbólicos que deem a todos os atores nas campanhas monoteístas a sensação de terem conquistado uma vitória. Apenas os não perdedores poderão entrar pela estação de chegada da história, para então procurar o papel a desempenhar no mundo sincronizado. Somente eles estarão dispostos a assumir a responsabilidade por tarefas que só poderão ser executadas por grandes coalizões.

Globalização significa: as culturas civilizam-se reciprocamente. O Juízo Final desemboca no trabalho cotidiano. A revelação se converte em relatório ambiental e em protocolo sobre a situação dos direitos humanos. Desse modo, retorno ao *Leitmotiv* destas reflexões, que está baseado no *éthos* da ciência geral da cultura. Repito-o como um credo, desejando que tenha a força de propagação de línguas de fogo: a única via ainda aberta é a civilizatória.

Referências bibliográficas

A'LA MAUDUDI, S. A. *Als Muslim leben*. Karlsruhe: Cordoba, 1995.
ALBANI, M. *Der eine Gott und die himmlischen Heerscharen:* Zur Begründung des Monotheismus bei Deuterojesaja im Horizont der Astralisierung des Gottesverständnisses im Alten Orient. Leipzig: Evangelische Verlagsanstalt, 2000.
ASSMANN, J. *Die Mosaische Unterscheidung oder Der Preis de Monotheismus*. München/Wien: Carl Hanser, 2003.
_____. *Die Zauberflöte:* Oper und Mysterium. München: Carl Hanser, 2005.
_____. *Moses der Ägypter:* Entzifferung einer Gedächtnisspur. München/Wien: Carl Hanser, 1998.
_____. *Moses the Egyptian:* The Memory of Egypt in Western Monotheism. Cambridge, Mass.: Harvard University Press, 1997.
BADIOU, A. *Das Jahrhundert*. Berlin: Diaphanes, 2006.
BAECK, L. *Das Wesen des Judentums*. Berlim: Nathansen & Lamm, 1991.
BEN-CHORIN, S. *Paulus:* der Völkerapostel in jüdischer Sicht. München: Paul List, 1997.
BENZ, E. *Beschreibung des Christentums:* Eine historische Phänomenologie. München: Deutscher Taschenbuch, 1975.
BLOOM, H. *Jesus and Jahweh:* The Names Divine. New York: Penguin Books, 2005.

BLOOM, H. *The American Religion*: The Emergence of the Post-Christian Nation. Nova York: Simon & Schuster, 1992.

CELAN, P. *Der Meridian*. Rede anläßlich der Verleihung des Büchner-Preises. *Gesammelte Werke*. v.3. Frankfurt am Main: Suhrkamp, 1992.

CHATEAUBRIAND, F-R. *Geist des Christentums oder Schönheiten der Religion*. Berlim: 2004.

_____. *Le génie du christianisme*. Paris: Garnier-Flammarion, 1802.

COOK, D. *Contemporary Muslim Apocalyptic Literature*. Syracuse: Syracuse University Press, 2005.

DÁVILA, N. G. *Das Leben ist die Guillotine der Wahrheiten:* Ausgewählte Sprengsätze. Org. de Martin Mosebach. Frankfurt am Main: Eichborn, 2006.

DAWKINS, R. *Deus, um delírio*. São Paulo: Companhia das Letras, 2007.

DEBRAY, R. *Einführung in die Mediologie*. Bern/Stuttgart/Wien: Haupt, 2003.

DELACAMPAGNE, C. *Islam et Occident:* Les raisons d'un conflit. Paris: Presses universitaires de France, 2003.

DERRIDA, J. *Marx' Gespenster*. Frankfurt am Main: Fischer, 1995. [Ed. bras.: *Espectros de Marx*: o estado da dívida, o trabalho do luto e a nova Internacional. Trad. de Anamaria Skinner. Rio de Janeiro: Relume-Dumará, 1994.]

DESCHNER, K. *Opus diaboli:* Fünfzehn unversöhnliche Essays über die Arbeit im Weinberg des Herrn. Reinbek bei Hamburg: Rowohlt, 2001.

EISENHOWER, D. *Cruzada na Europa*. Trad. de Vera Lúcia de Oliveira Sarmento. Rio de Janeiro: Biblioteca do Exército, 1974. 2t.

FLASCH, K. (Org.). *Logik des Schreckens. Augustinus von Hippo: De diversis quaestionibus ad Simplicianum I, 2. Die Gnadenlehre von 397*. Latim-alemão. Trad. alemã de Walter Schäfer. Mainz, 1990.

_____. *Meister Eckhart*. Die Geburt der "Deutschen Mystik" aus dem Geist der arabischen Philosophie. Munique: C. H. Beck, 2006.

_____. Meister Eckhart: Versuch, ihn aus dem mystischen Strom zu retten. In: KOSLOWSKI, P. (Org.). *Gnosis und Mystik in der Geschichte der Philosophie*. Darmstadt: Wissenschaftl, 1988.

FRIED, E. Es ist was es ist. *Liebesgedichte, Angstgedichte, Zorngedichte.* Berlim: Wagenbach, 1996.

FUKUYAMA, F. *O fim da história e o último homem.* Trad. de Aulyde S. Rodrigues. Rio de Janeiro: Rocco, 1992.

GROYS, B. *Das kommunistische Postskriptum.* Frankfurt am Main: Suhrkamp, 2006.

GRUNBERGER, B.; DESSUANT, P. *Narzißmus, Christentum, Antisemitismus.* Stuttgart: Klett-Cotta, 2000.

GRÜNDER, H. *Welteroberung und Christentum:* Ein Handbuch zur Geschichte der Neuzeit. Gütersloh: Gütersloher Verlags-Haus Mohn, 1992.

HAMER, D. *Das Gottes-Gen:* Warum uns der Glaube im Blut liegt. München: Kösel, 2006.

HEGEL, G. W. F. Ältestes Systemprogramm des deutschen Idealismus. *Werke in 20 Bänden.* Band I: Frühe Schriften. Frankfurt am Main: Suhrkamp, 1971.

_____. Entwürfe über Religion und Liebe, 1797-1798. *Werke in 20 Bänden.* Band I. Frankfurt am Main: Suhrkamp, 1971.

_____. *Vorlesungen über die Ästhetik.* 2.ed. Berlim: Duncker & Humblot, 1843. v.II.

_____. Vorlesungen über die Philosophie der Religion II. Vorlesungen über die Beweise vom Dasein Gottes. *Werke in 20 Bänden.* Frankfurt am Main: Suhrkamp, 1971.

HEIDEGGER, M. A constituição ontoteológica da metafísica. *Conferências e escritos filosóficos.* Trad. de Ernildo Stein. São Paulo: Nova Cultural, 1996.

_____. *Identität und Differenz.* 5.ed. Pfullingen: Neske, 1976.

HEINRICH, K. *Tertium datur:* eine religionsphilosophische Einführung in die Logik. Basel: Stroemfeld, 1981.

HEINSOHN, G. *Söhne und Weltmacht:* Terror im Aufstieg und Fall der Nationen. 4.ed. Zürich: Orell Füssli, 2006.

HODGSON, M. G. S. *The Venture of Islam:* Conscience and History in a World Civilisation. v.I-III. Chicago: University of Chicago Press, 1974.

HUME, D. *História natural da religião*. Trad. de Jaimir Conte. São Paulo: Editora da Unesp, 2005.

HUSSAIN, I. S. *The Qur'an and Modernism:* Beyond Science and Philosophy. Lahore: Adabistan, 2000.

ILLICH, I. *In den Flüssen nördlich der Zukunft*: Letzte Gespräche über Religion und Gesellschaft mit David Caley. München: Carl Hanser, 2006.

KARSH, E. *Imperialismus in Namen Allahs:* Von Muhammad bis Osama Bin Laden. München: DVA, 2007.

KEPEL, G. *Die neuen Kreuzzüge:* Die arabische Welt und die Zukunft des Westens. München: Piper, 2004.

_____. *Fitna:* La guerre au cœur de l'Islam. Paris: Gallimard, 2004.

KEPEL, G.; MILELLI, J-P. (Orgs.). *Al Quaida:* Texte des Terrors. München: Piper, 2006.

KOSLOWSKI, P. *Meister Eckhart:* Die Geburt der "Deutschen Mystik" aus dem Geist der arabischen Philosophie. München: Carl Hanser, 2006.

KÜNG, H. *Das Christentum*. München: Piper, 1994.

_____. *Der Islam:* Geschichte, Gegenwart, Zukunft. München/Zürich: Piper, 2006.

LATOUR, B. La Terre est enfin ronde. *Libération*, 1º fev. 2007.

LEMAIRE, A. *Naissance du monothéisme:* Point de vue d'un historien. Paris: Bayard, 2003.

LESSING, G. E. *Nathan der Weise*. München: Deutscher Taschenbuch, 1997. [Ed. bras.: *Natan, o Sábio*. Rio de Janeiro: Via Verita, 2016.]

LEWIS, B. *Der Untergang des Morgenlandes:* Warum die islamische Welt ihre Vormacht verlor. Bergisch Gladbach: Lübbe, 2002.

LINKE, D. B. *Religion als Risiko:* Geist, Glaube und Gehirn. Reinbek bei Hamburg: Rowohlt, 2003.

LUHMANN, N. *Die Religion der Gesellschaft*. Org. de André Kieserling. Frankfurt am Main: Suhrkamp, 2002.

_____. Grundwerte als Zivilreligion. In: KLEGER, H.; MÜLLER, A. (Orgs.). *Religion des Bürgers:* Zivilreligion in Amerika und Europa. Münster: Lit, 2004.

MANN, T. *Joseph und seine Brüder, Die Geschichten Jaakobs:* Der junge Joseph. Frankfurt am Main: Fischer Taschenbuch, 1983. [Ed. bras.: *José e seus irmãos.* Rio de Janeiro: Nova Fronteira, 2000.]

MARQUARD, O. *Abschied vom Prinzipiellen:* Philosophische Studien. Stuttgart: Reclam, 1981.

MARX, K. Crítica da filosofia do direito de Hegel: Introdução. In: _____. s*Crítica da filosofia do direito de Hegel*. Trad. de Rubens Enderle e Leonardo de Deus. São Paulo: Boitempo, 2005.

MARX, K.; ENGELS, F. *Manifesto [do Partido] Comunista*. Parte I. Trad. de Álvaro Pina. São Paulo: Boitempo, 2005.

MAUDUDI, S. A. A. *Als Muslim leben*. Karlsruhe: Cordoba, 1995.

MOSEBACH, M. *Häresie der Formlosigkeit:* Die römische Liturgie und ihr Feind. München: Carl Hanser, 2007.

MÜHLMANN, H. *Die Natur der Kulturen:* Entwurf einer kulturgenetischen Theorie. Wien/Nova York: Springer, 1996.

_____. Die Ökonomiemaschine. In: BRUN, G. de (Org.). *5 Codes, Architektur, Paranoia und Risiko in Zeiten des Terrors*. Basel/Boston/Berlim: Igmade, 2006.

_____. *Jesus überlistet Darwin*. Wien/New York: Springer, 2007.

NASR, S. H. The Spiritual Significance of Jihad. In: _____. *Traditional Islam in the Modern World*. Londres: Kegan Paul International, 1987.

NEWBERG, A. *Der gedachte Gott:* Wie Glaube im Gehirn entsteht. München: Piper, 2003.

NIETZSCHE, F. *Assim falou Zaratustra*. Trad. de Alex Marins. São Paulo: Martin Claret, 2003.

OTTO, R. *Das Heilige:* Über das Irrationale in der Idee des Göttlichen und sein Verhältnis zum Rationalen. München: Beck, 1987. [Ed. bras.: *O sagrado:* Aspectos irracionais na noção do divino e sua relação com o racional. São Leopoldo: EST-Sinodal; Petrópolis: Vozes, 2007.]

PETERS, F. E. *The Monotheists:* Jews, Christians, and Muslims in Conflict and Competition. Princeton e Oxford: Princeton University Press, 2009.

PETERSON, E. *Theologische Traktate*. Wiirzburg: Echter, 1994.

RILKE, R. M. *As elegias de Duíno*. Trad. de Dora Ferreira da Silva. 6.ed. São Paulo: Biblioteca Azul, 2013.

ROBESPIERRE, M. *Rapport sur les idées religieuses et morales*. 7 maio 1794.

ROUSSEAU, J-J. *Vom Gesellschaftsvertrag*. Frankfurt am Main/Leipzig: Insel, 1996. [Ed. bras.: O contrato social ou princípios do direito político. 2.ed. São Paulo: Escala, 2008.]

ROY, O. *Der islamische Weg nach Westen:* Globalisierung, Entwurzelung und Radikalisierung. München: Pantheon, 2006.

SACKS, O. *Die Insel der Farbenblinden:* Die Insel der Palmfarne. Reinbek: Rowohlt, 1997.

SCHIMMEL, A. *Die Religion des Islam:* Eine Einführung. Stuttgart: Reclam, 1990.

SCHRAMM, G. *Fünf Wegscheiden der Weltgeschichte*. Göttingen: Vandenhoeck & Ruprecht, 2004.

SCUTENAIRE, L. *Mes inscriptions*. Paris: Éditions Allia, 1945.

SIEBURG, F. *Robespierre*. Stuttgart: Deutsche Verlagsanstalt, 1958.

SLOTERDIJK, P. *Derrida, un egyptien*. Paris: Maren Sell Éditeurs, 2005. [Ed. bras.: *Derrida, um egípcio:* O problema da pirâmide judia. São Paulo: Estação Liberdade, 2009.]

_____. *Derrida ein Ägypter:* Vom Problem der jüdischen Pyramide. Frankfurt am Main: Suhrkamp, 2007.

_____. *Im Weltinnenraum des Kapitals:* Für eine philosophische Theorie der Globalisierung. Frankfurt am Main: Suhrkamp, 2006.

_____. *Neuigkeiten über den Willen zum Glauben:* Notiz über Desäkularisation. In: SCHWEIDLER, W. (Org.), *Postsäkulare Gesellschaft*: Perspektiven interdisziplinärer Forschung. München: Karl Alber, 2007.

_____. *Sphären II, Globen, Makrosphärologie*. Frankfurt am Main: Suhrkamp, 1999.

_____. *Sphären III, Schäume, Plurale Sphärologie*. Frankfurt am Main: Suhrkamp, 2004.

_____. *Über die Verbesserung der guten Nachricht:* Nietzsches fünftes "Evangelium". Frankfurt am Main: Suhrkamp, 2001.

SLOTERDIJK, P. *Was geschah im 20. Jahrhundert?* Unterwegs zu einer Kritik der extremistischen Vernunft. Estrasburgo, 4 mar. 2005.

_____. *Zorn und Zeit:* Politisch-psychologischer Versuch. Frankfurt am Main: Suhrkamp, 2006. [Ed. bras.: *Ira e tempo*: ensaio político--psicológico. Trad. de Marco Casanova. São Paulo: Estação Liberdade, 2012.]

SPAEMANN, R. *Das unsterbliche Gerücht:* Die Frage nach Gott und die Täuschung der Moderne. Stuttgart: Klett-Cotta, 2007.

STAUSBERG, M. *Faszination Zarathustra:* Zoroaster und die Europäische Religionsgeschichte der Frühen Neuzeit. 2v. Berlim/Nova York: Walter de Gruyter, 1998. v.1.

TRIMONDI, V.; TRIMONDI, V. *Krieg der Religionen:* Politik, Glaube und Terror im Zeichen der Apokalypse. München: Verlagsort, 2006.

WHITEHEAD, A. N. *Wie entsteht Religion?* Frankfurt am Main: Suhrkamp, 1985.

SOBRE O LIVRO

Formato: 14 x 21 cm
Mancha: 23 x 44 paicas
Tipologia: Venetian 301 12,5/16
Papel: Off-white 80 g/m² (miolo)
Cartão Supremo 250 g/m² (capa)
1ª *edição Editora Unesp*: 2016

EQUIPE DE REALIZAÇÃO

Edição de texto
Silvia Massimini Felix (Copidesque)
Mauricio Santana (Revisão)

Capa
Bloco Gráfico

Editoração eletrônica
Eduardo Seiji Seki

Assistência editorial
Alberto Bononi
Jennifer Rangel de França

MUNDIAL**GRÁFICA**
www.mundialgrafica.com.br